湛庐CHEERS

与最聪明的人共同进化

HERE COMES EVERYBODY

CHEERS
湛庐

合理的努力

[日]
井下田久幸 著
唐 燕 译

理系の
仕事術

浙江科学技术出版社·杭州

测一测

如何用理工科思维助力职场发展？

扫码加入书架

领取阅读激励

- 在工作中，将输出、输入和休息的时间进行均等分配，是一种高效的做法吗？

  A. 是

  B. 否

扫码获取

全部测试题及答案，

测一测你知道

如何用理工科思维

助力职场发展吗

- 职场人应该尝试学习编程（哪怕只是入门水平），这是因为编程思维能更有效地优化实际工作中的哪个环节？(单选题）

  A. 头脑风暴

  B. 制定计划

  C. 监控进度

  D. 复盘讨论

- 在职场上，理工科思维非常值得学习，其中最值得学习的地方在于它具有：（单选题）

  A. 战略性

  B. 确定性

  C. 真实性

  D. 统一性

扫描左侧二维码查看本书更多测试题

推荐序

一次掌握理工科思维的精髓，在职场上取得优异业绩

张 坚

思科中国区原副总裁

中国惠普政府事业部原总经理

当我第一次翻开这本书时，首先是被作者井下田久幸的经历所打动，因为这位作者的经历和我的经历实在是太相似了。他是一个理工男，我也是个理工男，他 22 岁开始工作，我 21 岁开始工作；他最初的工作是工程师，我最初也是工程师；后来他转去做销售了，我也转去做销售了；再后来他因为业绩出色不断被提升，我也因为业绩出色不断被提升；他在 IBM 工作，我在惠普（HP）工作；大家知道这两家公司当时是对手，而且互相尊重，因为当时业界公认这两家公司的销售是顶尖的；他后来又去了小企业任董事长，我也去了小企业任 CEO。如此多的相同之处，再加上他又是 " 网红 " 作家，这使我非常有兴趣把这本书读完。

首先这本书内容丰富，作者不是纸上谈兵，不是演绎，而是从实践中来，写的内容非常实用。他从一个理工男、非销售人员、工程师的角度去写了自己的成长和转变。我们很多人都不是一开始就做销售

工作的，而是从非销售岗位转向销售岗位的，也未必是学营销的，而且很多人都是偏内向的，不是特别能说会道。但是这影响你做销售吗？不影响。作者井下田久幸在这本书中就给出了答案。他根据自己的亲身实践，总结了九个“合理的努力”：

- ◎ 快速实现“客户所期望的未来”
- ◎ 将客户的要求用模型快速演示出来
- ◎ 用因式分解的办法轻松解决客户的烦恼
- ◎ 在因式分解的过程中慢慢渗透公司的产品
- ◎ 借助竞争对手的力量，为自己争取时间
- ◎ 转换视角，寻求不战而胜的方法
- ◎ 充分考虑关键人物的“受益点”
- ◎ 先下手为强，让客户对自己产生依赖
- ◎ 用理工科特有的感情和气魄来取胜

这 9 个“合理的努力”让作者在商场和职场上连胜不败，同样也可以使你连胜不败。书中还写了很多具体的做法，比如说：报告演示法；资料制作法；职场沟通法；时间管理法；战略思考法。这些都是专业销售要掌握的基本功。作者把自己在实践中验证过的经验分享给大家，让你一次掌握理工科思维的精髓，在职场上取得优异业绩。

看他的书我深有同感，但是我没有像他一样这么详细认真地去梳理、归纳和总结。作者把这些成功经验总结后分享给大家，我想一定能帮到大家，使你从中受益。

作者在书中提出了一些独特的见解或者观点，这些观点对读者非常有启发，在这里我特别想讲几个印象深刻的要点。一个要点就是作

者充分利用数学中的因式分解法。他利用因式分解法来解决客户的烦恼，用因式分解法来应对难对付的客户，也对让人讨厌的人进行因式分解，非常有意思。作者在书里写到：集中精力干自己擅长的事，将客户的需求（烦恼）进行因式分解（分开考虑），然后用模型（做好后的样子）将贴近客户需求的解决方案演示出来。

另一个要点是，作者还在书里写到：（销售的）目标不是获胜，而是持续获胜，也就是要有长期主义，这跟我经常说的做大客户的观点是一致的。是做大客户，而不是大项目。流水不争先，争的是滔滔不绝。作者的很多观点与我的观点非常相似，他也提到了欲速则不达，想要取得长期的胜利，没有捷径可走。埋头苦干也不是不可取，但努力是有方法的。这种方法作者称之为：合理的努力，也就是我们常说的“销售没有什么特殊魔法，它需要的是正确的流程、适当的工具、明确的技巧和坚强有力的组织架构”。

作者在书中还写到：“毫不费力地连续获胜是不可能的，但我有让你连续获胜的方法。”作者写了很多很有意思的事，有一个我特别感兴趣的事就是他提到客户都有四个“不”，这四个“不”就是：不相信，不需要，不合适以及不着急。你怎样去消除客户的四个“不”？而且还可以借力让你的竞争对手帮你去消除其中的几个“不”。我当年就用过这个方法，记得当时是一个重要的选型会，在 IBM 的专家上台介绍后，轮到我代表惠普（HP）上台介绍，我说：刚才 IBM 的专家讲得很好，他刚才介绍的产品的技术特性、性能和指标，我们的产品都可以满足，我就不再赘述了，下面我主要分享的内容是：选择惠普的十大理由。

这样既节省了我的时间，又给客户带来深刻的印象，你听着很有意思吧？那你一定要好好看书。

还有一个我认为特别有意思的事是：作者写了在跟客户交流的时候的一些新的观点，一个观点是：拒绝要巧妙，不使用否定词；如何成为一个不令人讨厌的拒绝者。另一个观点是当被对方否定时，要用肯定的方式做出回应；接受反对意见，将其转化为附带条件的疑问句，然后向对方确认，效果不一般。例如“您的意思是，只要 XXX 就可以了，对吗？”这些方法你会吗？我希望你能掌握这些方法，掌握了这 9 种方法就是做到“合理的努力”了。

因此，我非常推荐你阅读这本实用性很强，不仅有理论还有实战分享的书，一本关于在职场上如何取得成功的书。书中提供的方法、技巧和建议对你的实际生活和工作都会有帮助。

本书的目的是

让你掌握“根据计算得出结果的方法”。

但是，这个方法绝不“轻松”。

我在长达 4 年的时间里，历经 300 场商业博弈，

取得了连胜不败的战绩。

想要长期持续取胜，并没有捷径可走。

我给你的建议是“**合理的努力**”。

虽然并不轻松，但可以避免走弯路，而且，能收到显著的效果。

我将向你展示具体的做法。一起开始吧！

本书可以分为两大部分。前半部分是从第 1 章到第 4 章，主要介绍我在 300 场商业博弈中连胜不败的核心秘密武器，即 9 个“合理的努力”、“报告演示法”及“资料制作法”。

◎ 第 1 章　合理的努力

◎ 第 2 章　报告演示法

◎ 第 3 章　资料制作法一（总论）

◎ 第 4 章　资料制作法二（分论）

后半部分是从第 5 章到第 7 章，主要介绍我在 4 家互联网企业任职期间，从大量的管理工作中积累、总结出来的进阶秘密武器，即“职场沟通法”“时间管理法”及“战略思考法”。

◎ 第 5 章　职场沟通法

◎ 第 6 章　时间管理法

◎ 第 7 章　战略思考法

前言

理工科思维，300 场商业博弈连胜不败的秘密

感谢您阅读这本书。

可能很多读者都怀着期待的心，希望能从书名“合理的努力”这 5 个字中得到一些新启示。

从 IBM 日本分公司（以下简称 IBM）开始，我先后就职于 4 家互联网公司。在最后这家日本商业计算机有限公司（JBCC）里，我同时兼任执行董事和技术部门负责人。作为一名工程师的我，可谓风光无限。但是，在第二家初创企业工作期间，我也曾经历过一段朝不保夕、如履薄冰的日子。在大约 4 年的时间里，我参与了 300 场商业博弈，并取得了全胜的战绩。

在我 22 岁入职到 55 岁退休的 33 年职业生涯里，与我共事过的人的确有很多。有些在大企业里活跃的人才，到了初创企业和中小企业里变得毫无用武之地。反过来，在初创企业里颇为成功的人，却由于缺乏协调能力而无法胜任大企业的工作。而我之所以能够适应各种规模的企业，原因无它，就是因为我发现了能称为“成功方程式”的根本性法则。

我写这本书的目的，就是尝试将我的这些经验诉诸文字。

极具冲击力的一天

作为一名上班族，我度过了30多年波澜起伏的日子，其中“极具冲击力的一天”让我至今难忘。那次冲击发生在我从IBM公司跳槽到一家只有16名员工的初创企业一年半之后的一次经营会议上。说是经营会议，但只有5人参加。按照惯例，参会成员包括总经理，兼任首席技术官的副总经理，包揽总务、人事以及会计3项大权的首席财务官，销售部负责人，还有身为部长且负责技术支持和销售业务的我。

然而那天，参会的除了上述5人，竟还有财务经理。总经理缓缓地说：“财务经理要给我们做重要报告。”紧接着，财务经理的嘴里蹦出了一句令人吃惊的话：

> 我们的销售额一直停滞不前。照这样发展下去，今年6月，公司将面临破产。

这对于当时39岁的我而言简直是“晴天霹雳”。这家公司在我入职的两年前刚刚成立。公司的资金筹措也一直很顺利，包括储备金在内已经筹集了27亿日元[①]的资金。“短短4年间，这27亿日元就全部花完了吗？究竟是怎么回事？”我的大脑中满是疑问。

工程师亲自上阵，为销售助力

当时我在IBM公司干得顺风顺水，可以说是前途无量。然而对

① 本书中提到的金钱数额均为日元。——编者注

于那种一眼望到头的生活，我却心有不甘，不愿意按部就班地过一辈子。我想在初创企业中验证一下自己的实力，于是选择从 IBM 公司离职，进入这家只有 16 名员工的公司。

在IBM公司工作期间，工程师出身的我，同时还作为讲师登台参加演讲、演示活动，有时这些活动甚至多达上千场。那段时间锻炼出来的演示能力，帮助我与大量客户成功签约。当时我特别想要亲身感受一下：如果离开 IBM 公司这棵大树，自己的能力是否还能适用？

进入初创企业之后，我作为销售部长，在举办大规模活动的车站周边刊登公司的空中广告，引起了极大的反响。另外，我将位于东京惠比寿的威斯汀酒店地下一层和地下二层全部租下，用来举办私人展销会。除此之外，我凭借自己与两名部下之力，成功举办过一场 2 600 人规模的大型活动。

只是，这些与利益并没有什么明显的关联。

回想一下，那家初创企业也有过在美国创立分公司、投资 9 亿日元失败后血本无归的经历。这正是那个“疯狂投资时代”的产物。

就在宣告破产前一年，公司才刚刚发布了主力新产品。前面提到的那场 2 600 人规模的大型活动，也是为了推广这个新产品，但最后新产品的表现一败涂地。面对半年后资金将要枯竭的局面，我手里仅有的武器，就是尚处在试验阶段的软件半成品。

然而，“置之死地而后生”，人一旦被切断退路，就会被激发出巨大的潜力。

我开始了新的任务——竭尽全力协助销售人员打开市场。我与几个出外勤的销售人员组成搭档，开始在销售一线冲锋。如果公司的产品卖不出去，我们都没法生存下去，所以不能以事不关己的态度说什么“支援”之类的话。

从那一天开始，我每年拜访 300 家公司，而且一做就是 4 年。每年的工作时间大概是 200 天，所以算下来，平均一天要拜访一两家公司。那阵子我已经不像是一个工程师（技术人员），几乎变成了销售人员。话虽如此，我的工作也并不只是去客户所在企业拜访这么简单。为了解决客户在技术层面提出的要求，我不断摸索，有时还要用模型（使用软件进行模拟表演）给客户做演示。那情景，就仿佛技术人员在送外卖一样。

我一方面要与销售部门的同事一起拜访客户，另一方面还要与公司的研发部门沟通，甚至自己动手开发模型，有时还要与美国的分公司进行交涉。另外，身为销售部长，在销售这一块我不能置身事外，不得不挤出时间跟大型广告公司交换信息。日子就这样一天天过去了。

在那之后的 4 年时间里，我取得了 300 场商业博弈连续获胜的成绩。接到公司濒临破产通告的第一年，我就实现了年度盈余，这一成功经验以及由此所萌生出的自信，都是我的宝贵财富。

我在工作中切身体会到最大限度地发挥自己的实力，以及与其他部门推心置腹地交谈、合作的重要性。而这些，也成为我之后的工程师生涯中巨大的精神食粮。

作者井下田久幸的人生轨迹

开始！

祖父是德国人，我有1/4的德国血统

父亲的家暴

童年时期的焦虑

学习落后

母亲看到我在算术方面有天赋，专门聘请了家庭教师为我辅导

受到家庭教师的暗示：IBM公司将来会发展壮大

小学阶段已经掌握了初三的数学知识

初中阶段已经掌握了高三的数学知识

大学读的是理工科

只参加了IBM公司的招聘考试

加入IBM公司，成为一名系统工程师

调到总公司系统工程师部门，开始面向客户做演讲、演示

每年做100场演讲、演示，持续多年

调到软件部门，开始从事销售活动

成功举办多项活动

跳槽到一家只有16人的初创企业

举办的私人展销会吸引了2 600人

公司遭遇危机，半年后濒临破产

每年与销售人员一起拜访300家公司，商业博弈持续取胜

未完待续……

跳槽到一家200人规模的网络信息安全企业，担任首席信息官

即使从零开始，只要给我3年时间，就能做得很专业。为了向儿子证明这一点，我选择离职

成为两家公司的首席执行官、一家公司的首席运营官

策划了一场全宙女子高中生演唱会，参加者多达千人

该企业被IBM公司收购

儿子遇到挫折

公司创立了研究所，我成为第一任所长

受邀参加晨间资讯节目的直播，作为评论员即兴发言

在东证一部互联网企业IBCC担任执行董事兼软件研发负责人

GOAL!

将客户需求进行因式分解

我是一个典型的理工男，不擅长讲话，特别喜欢玩智力游戏。我在 IBM 公司工作期间，并没有任何销售经验。那么，我为什么能在商业博弈中打败竞争对手，取得连胜的战绩呢？如果用一句话来总结原因，大概就是“**集中精力干自己擅长的事**”。那么，集中精力干什么事情呢？具体就是“**将客户的需求（烦恼）进行因式分解（分开考虑），然后用模型（做好后的样子）将贴近客户需求的解决方案演示出来**”。酷爱智力游戏的我，对制作模型这件事乐此不疲。

一般来说，在开发、销售软件的工作中，客户追求的功能和产品标配的功能之间，总是存在着一定的差距。我并没有一味向客户介绍自己公司产品的功能，向他们推销，而是倾注了大量心血来填补客户追求的功能与软件标配功能之间的鸿沟。制作出模型，然后用模型向客户演示如何填补这一鸿沟，这一做法成了我的决定性优势，帮助我取得了连战连胜的成绩。在制作模型方面，我最基本的思路就是将客户的需求进行因式分解，关于这一点，第 1 章会有详细论述。

除此之外，我还有一个绝杀武器，那就是在 IBM 公司工作期间培养出来的出色的演示能力。我本是一个腼腆内向、不善言辞的人，然而，意外的人事变动让身为技术人员的我，有了每年参加 100 场演讲、演示活动的经历。在经营者云集的演示会场，我以讲师的身份登台，向他们介绍我们软件产品的魅力，这便是我的主要工作。

我在会场的讲话方式，将很大程度上影响日后那些跟在参会者身后推销产品的销售人员的签约成功率。被委以如此重任，我不胜惶恐。经过一番深思熟虑，我决定尽量贴近那些参会人士的需求，做到“善解人意”。如何才能把那些艰深晦涩的内容说得更加通俗易懂呢？经过一番深入的研究，我终于摸索出了一些可以大大提高现场演示说服力的技巧。

关于演示技巧的具体内容，我将在第 2 章进行阐述。除此之外，在会场投屏展示给参会者观看的演示资料，以及分发给参会者的纸质资料在制作时需要注意什么，这些问题我将在第 3 章和第 4 章进行介绍。

● 因填补了客户与产品之间的鸿沟而获胜

这已经是后话了，我在这家初创企业积累了战无不胜的经验之后，跳槽到了东证一部的互联网企业 JBCC，担任执行董事兼软件开发负责人。说是软件开发，开发的也并不全是本公司的产品。其中一部分是从其他公司采购进来，稍微进行一些原创加工后拿出去销售[①]。

令人倍感意外的是，我之前在初创企业工作期间曾亲手击败的某款产品，居然被这家公司通过 OEM 采购了进来。昨天的敌人竟成了今日的合作伙伴。

别无选择的我，只能在商业博弈中进行对决时，毅然支持那款曾经被我打败的软件，并完美击败自己之前热爱的那款初创企业的产品。

我之前所热爱的那款初创企业的产品，其实存在着明显的缺陷。虽然那款产品当时在竞争中连续获胜，但我注意到了它的缺陷并上报给

① 这种情况被称为“OEM（original equipment manufacturer）销售”，即“代工销售”。

了研发部门，希望对产品的功能加以改良，但是我的意见没有被接受。而这一次，我直戳其缺陷，把胜利作为“礼物”送给了曾经的失败者。

我并不是在自夸，只是想通过这个例子告诉各位，**在商业博弈中取胜的关键并不是产品的优越性，而是先要想方设法去填补客户需求与产品功能之间的鸿沟。只有充分理解客户的需求，然后下功夫对其进行因式分解，才能成功填补这个鸿沟。**

从管理职位中获得的经验

请允许我对自己的整个职业生涯再补充几点。

在取得 300 场商业博弈连胜的成绩之后，我通过猎头公司进入一家 200 人规模的网络信息安全企业，并作为下一任总经理候选人，担任首席信息官（CIO）一职。然而，这家公司在几年后被我的老东家 IBM 公司收购。于是，我跳槽到拥有 2 700 人规模的 JBCC，担任执行董事兼软件开发负责人。与其说是执行董事，我其实一直在销售一线指挥，在与之前曾就职过的初创企业竞争时将其逼到了惨败的境地。这家互联网公司随后设立了研究所，我担任了第一任所长，可以说，这是我工程师生涯的一个巅峰时期。

回顾自己的人生经历，我在 IBM 公司从一名系统工程师做起，先后担任管理职位以及技术部门负责人。那段时间里，我不仅非常重视个人的成长，也在指导下属及团队管理工作中倾注了大量心血。从这些工作中获得的感悟和经验，我毫无保留地写了出来。

在第 5 章，我将向你讲述理工科专业的人所特有的讲话方式和听话方式。待人接物的方法决定了一个人将来的发展。腼腆内向、不善言辞的我，在工作中总结出了一些与人打交道的方法。在第 6 章，我主要讲述合理利用时间的技巧。很多在工作中没有做出成绩的人，都是因为缺乏时间管控能力，甚至输给了时间。我会详细阐述如何突破这一难题。在第 7 章，我将介绍我从编程中学到的谦虚态度和对整体工作量进行估算的技巧、理工科专业的人独有的逆向推测思维，以及我对团队管理的见解等内容。

目标不是获胜，而是持续获胜

我始终认为在工作中能够持续取胜是有原因的。这一点无论对个人还是团队都适用。当然，只图短期获胜和希望长期获胜，这两种情况在做法上是有区别的。本书关注的是长期获胜的方法。因此，这些方法可能并不轻松，多少还有些绕远路的感觉。但是从大局考虑，它们都是为了获得持续性胜利的合理且持久的方法和思路。

各位读者可以从自己感兴趣的章节开始阅读。不过，如果想要对本书所介绍的工作方法有一个整体的把握，我建议你从第 1 章开始。希望本书提供的精神食粮，能助力各位读者迈向更加美好的明天。[①]

① 本书以2022年3月1日以前的信息为基础进行编写。在本书发行之后，软件可能会更新、功能和界面可能会出现变化。特此说明。Microsoft、Windows、Word、Excel、PowerPoint、Microsoft teams等都是美国微软公司在美国以及其他国家注册的商标。此外，书中出现的产品名称、服务名称、公司名称等，均为各公司的注册商标或商标名称。书中未对R和TM做出明确标注。书中所介绍的免费软件，开发方可能会停止开发或停止发布。此外，请读者警惕在访问、下载、使用上述软件的过程中所发生的经济损失，作者本人及所在公司对此概不负责。

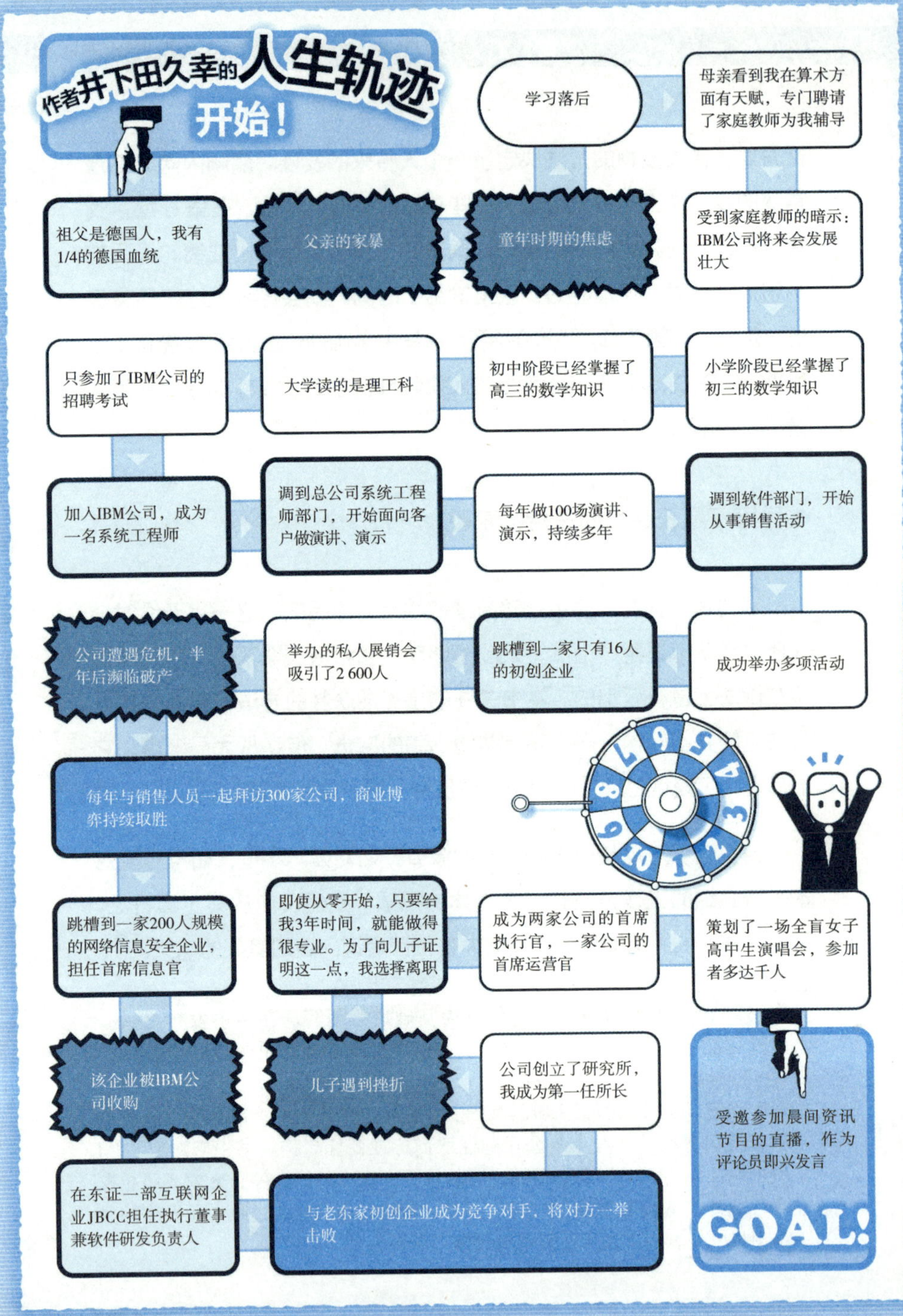

作者井下田久幸的人生轨迹
开始！
祖父是德国人，我有1/4的德国血统
父亲的家暴
童年时期的焦虑
学习落后
母亲看到我在算术方面有天赋，专门聘请了家庭教师为我辅导
受到家庭教师的暗示：IBM公司将来会发展壮大
小学阶段已经掌握了初三的数学知识
初中阶段已经掌握了高三的数学知识
大学读的是理工科
只参加了IBM公司的招聘考试
加入IBM公司，成为一名系统工程师
调到总公司系统工程师部门，开始面向客户做演讲、演示
每年做100场演讲、演示，持续多年
调到软件部门，开始从事销售活动
成功举办多项活动
跳槽到一家只有16人的初创企业
举办的私人展销会吸引了2 600人
公司遭遇危机，半年后濒临破产
每年与销售人员一起拜访300家公司，商业博弈持续取胜
跳槽到一家200人规模的网络信息安全企业，担任首席信息官
该企业被IBM公司收购
在东证一部互联网企业JBCC担任执行董事兼软件研发负责人
与老东家初创企业成为竞争对手，将对方一举击败
公司创立了研究所，我成为第一任所长
儿子遇到挫折
即使从零开始，只要给我3年时间，就能做得很专业。为了向儿子证明这一点，我选择离职
成为两家公司的首席执行官，一家公司的首席运营官
策划了一场全盲女子高中生演唱会，参加者多达千人
受邀参加晨间资讯节目的直播，作为评论员即兴发言
GOAL!

理系の
仕事術

目录

推荐序 一次掌握理工科思维的精髓，在职场上取得优异业绩

张 坚

思科中国区原副总裁，中国惠普政府事业部原总经理

前 言 理工科思维，300 场商业博弈连胜不败的秘密

第一部分 300 场商业博弈连胜不败的核心秘密武器 001

第 1 章 合理的努力 003

◎ 战无不胜靠的不是绝招，而是 9 个“合理的努力” 004

◎ 合理的努力 1 快速实现“客户所期望的未来” 009

◎ 合理的努力 2 将客户的要求用模型快速演示出来 014

◎ 合理的努力 3 用因式分解的办法轻松解决客户的烦恼 018

◎ 合理的努力 4 在因式分解的过程中慢慢渗透公司的产品 022

◎ 合理的努力 5 借助竞争对手的力量，为自己争取时间 025

◎ 合理的努力 6 转换视角，寻求不战而胜的方法 029

◎ 合理的努力 7 充分考虑关键人物的“受益点” 034

◎ 合理的努力 8 先下手为强，让客户对自己产生依赖 037

◎ 合理的努力 9 用理工科特有的感情和气魄来取胜 041

第2章 报告演示法 045

◎ 自我介绍要控制在 1 分钟之内 046
◎ 报告演示不需要多余的停顿语 050
◎ 要做到与观众进行全方位的眼神交流 054
◎ 从亮点入手，事半功倍 058
◎ 即兴发言来自平时的广泛积累 062
◎ 熟练使用智力游戏和视频填补空白 066
◎ 要有全景意识，不能让观众一头雾水 070
◎ 即使暂时偏离主题，也不能让观众掉队 073
◎ 视觉冲击力是吸引观众的法宝 076
◎ 胜负就在最初 5 分钟和最后 1 分钟 079
◎ 务必将后续计划和安排与观众共享 083

第3章 资料制作法一（总论） 087

◎ 演示用和分发用的资料制作方法完全不同 088
◎ 要将内容压缩到一页一条信息 092
◎ 在微妙的色彩搭配上下功夫 098
◎ 使用能帮你形成体系化结构的工具制作资料 104
◎ 相比与竞争对手比较，与观众产生共鸣才是关键 109
◎ 相较对比结果，更需要明确的是选择标准 112
◎ 资料要为客户再利用提供方便 116

第 4 章 资料制作法二（分论） 121

◎ 熟练运用放大和缩小两个视角来分析数据 122
◎ 从 4 个视角提升数据分析质量 127
◎ 资料制作要体现实用性和简洁性 130
◎ 资料制作要注重社会性（公益性） 134
◎ 资料制作也要顾及长远性和话题性 138

第二部分
300 场商业博弈连胜不败的进阶秘密武器 143

第 5 章 职场沟通法 145

◎ 请将晨间问候传递给公司的每一个人，不要怕绕远路 146
◎ 邮件比现场谈话更有力 148
◎ 拒绝要巧妙，不使用否定词 153
◎ 当被对方否定时，要用肯定的方式做出回应 158
◎ 采取以退为进的方式进行谈判 161
◎ 对讨厌的人进行因式分解，削弱其存在感 165
◎ 接受咨询时，不要直接回答，而要进行概括 169
◎ 在谈判陷入僵局时，给出选项 173
◎ 用战术把关键人物拉进自己的阵营 177
◎ 通过问卷调查，巧妙引导对方说出真实想法 181

第6章 时间管理法 187

◎不在目标设定上花费过多时间 188
◎使用复制粘贴工具，让工作效率实现戏剧般的提升 192
◎自如编辑图像和文本 196
◎把学习时间缩短一半的技巧 200
◎同步共享灵感和笔记 204
◎灵活运用电话、邮件及商务交流工具 207
◎开会需要区分线下和线上 210
◎合理安排工作流程和顺序，避免出现瓶颈 214
◎在输出、输入和休息之间保持平衡 218
◎启动“不被感情左右的开关” 222
◎根据时间的宽度来分配工作 226
◎调整工作顺序，让自己的表现更出色 230
◎在手表或手机上花一番心思 234
◎通过帮他人创造时间来为社会做贡献 238

第7章 战略思考法 243

◎事先预测误差，制订高精度的计划 244
◎重视结果，也同样重视过程 249
◎从想要创造的未来开始往前倒推，引发技术革新 252
◎多做几套替代方案，层层准备 257
◎组建持续取胜的团队 262

后记　追求最佳答案，也需要走“合理的弯路” 267

第一部分

300场商业博弈连胜不败的核心秘密武器

第 1 章

合理的努力

战无不胜靠的不是绝招，而是 9 个“合理的努力”

》300场连胜纪录只是偶然吗

一名工程师在 300 场商业博弈中连续获胜，从无败绩。当你听到这个消息时，会有什么反应呢?

可能有人会想，这名工程师一定有绝招，或者用了什么强硬手段吧。

而在我看来，我所取得的这 300 场连胜，无非是一种结果论，是各种偶然因素叠加在一起形成的最终结果。我并没有从一开始就想向商业博弈发出挑战，也不存在什么制胜法宝。毕竟，我是一名技术人员，而不是销售人员，对于获胜这件事，并没有那么在乎。

回顾那段日子，我眼看着公司濒临破产，生活没有着落，一想到家中年幼的孩子，心中便充满不安，整个人就像上紧了的发条。而我当时所能做的，只不过是专注于自己的本职，按照客户的要求逐一完成各项工作而已。

话虽如此，在取得 300 场连胜战绩的背后，确实有一套我自己的理工科思维和独特方法，这是毋庸置疑的。在这一章，我会毫无保留地向你展示这些幕后的情形。

》靠奇招勉强完成，并不能实现连胜

本书的读者中肯定有很多销售人员，你们或许是被“300 场连胜”这个说法所吸引才阅读本书的。

对于销售人员所承受的沉重压力，我深表理解。特别是大企业，不仅要奉行“坚韧不拔”的原则，还要求员工会理性地分析原因、预测未来、追求计划的达成。我看到有很多人被定期召开的“展望会议”（经营预测报告会议）折磨得身心俱疲，苦不堪言。

“目标是否能 100% 达成”，这件事甚至会成为很多人职业命运的分界线。因此，在各种场合，销售人员往往会使出浑身解数，力争 100% 达成目标。

从长远来看，在销售人员惯用的招数中，有一些做法无论是对客户，还是对自己公司来说，都不是一件幸事（见图 1–1）。

不过，对于那些下一年不再担任销售岗位的人员而言，后面的事情也就与他们无关了，只要眼前的目标能够顺利达成，其他都无所谓。例如，“强行兜售”的做法就是这样。一到季末，不少销售人员就会强制代理商购买其商品。

此外，将客户下一年度计划购买的东西提前打折，以增加本年度销售额，这种方式在一些公司内大行其道。在营业部的审查会议上，经常能看到老板对那些业绩不达标的员工发出质问的情景：“有什么办法能将客户下一年度的购买计划提前实现吗？”

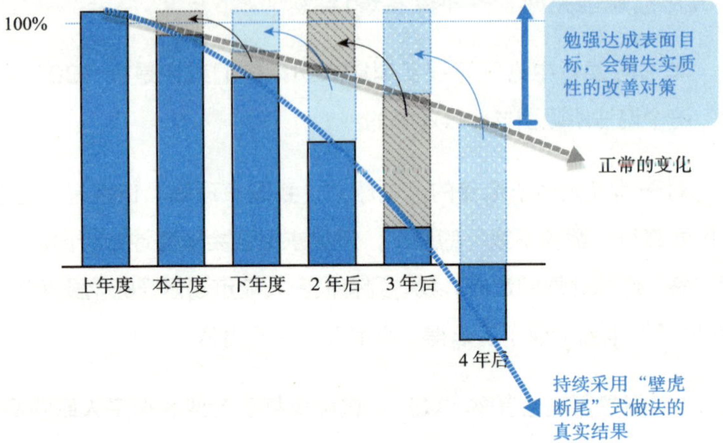

图 1-1　持续勉强完成销售目标，也不能称之为“胜利”

甚至有人不惜采用“壁虎断尾”式做法。他们向每月缴纳使用费的客户提出建议，如能一次性交清两年的使用费，之后会更省事。这是一个对销售人员极具诱惑力的方案。从完成本年度目标的角度来看，将原定两年收取的使用费一次性加到一年的销售额里，这样就很容易完成年度目标了。

只要完成既定目标，销售人员下一年要么晋升，要么转去负责其他客户，至于是不是会给继任者留下一个烂摊子，他们根本不在乎。这种不负责任的做法，从长远看，会给公司造成巨大的损失。

更有甚者，某些销售人员竟然通过倒卖与公司主营产品毫无关系的物品来冲业绩。正是由于公司将销售额作为销售人员业绩考核的重要指标，才给了这些人鱼目混珠的机会。

原本这些被倒卖掉的物品是不应该被视为销售业绩的，但这些销售人员会为自己辩解说这些物品是作为整个销售方案的一部分，附加赠送给客户的，所以算销售业绩。

》想要战无不胜，并没有捷径可走

上面提到的几种销售招数在短期内可能确实有效，但是它们绝不能作为连续获胜的战术来使用，因为这些招数不能持续发挥作用。

欲速则不达，想要取得长期的胜利，并没有捷径可走。不付出努力就想成功的念头要不得。但是，**埋头苦干也并不可取，努力是有方法可循的，我称其为“合理的努力”。**

我虽然只是一名工程师，但是因公司面临破产危机，也曾多次和销售人员一起拜访过客户。其中，不亚于“修罗场”的残酷场面，我也经历了成百上千次。

通常情况下，销售人员能独自完成卖出商品的过程。一旦需要我这样的技术人员出面，那就只有一个目的——救场。

回顾自己的职业生涯，经历过这么多次救场的工程师，我想并不多见。不过现在看来这是一种幸运，我心中充满感激。

在这一章，我将结合我此前的工作经历，把自己领会到的这套“合理的努力”法，分享给各位读者（见图 1–2）。

- 什么都不做 → 永远不会取胜
- 出奇招、险招 → 运气好也许会成功，但轻松获胜次数少
- 埋头下苦功夫 → 耗费时间，徒劳无益
- 合理的努力 → 有复现性，能连续获胜

图 1-2　300 场连胜的背后是“合理的努力”

划重点

毫不费力地连续获胜是不可能的，
但我有让你连续获胜的方法。

合理的努力 1
快速实现“客户所期望的未来”

》大型企业和小型企业的取胜方法并不相同

我在大型企业和初创企业都工作过，从中感受到，坚守初心的人与不计得失的人，他们的取胜方法有明显不同。

先说大型企业，随着固定客户数量的不断增加，他们越来越重视对“信誉”的维护，并将其作为企业最大的营销策略。这是因为，一方面，拓展新客户需要耗费巨大的时间成本；另一方面，固定客户的追加订单有助于提升销售效率。

拥有一定数量的固定客户，这本身就是一种“信誉”，这会吸引更多的新客户加入，从而形成良性循环。在这种情况下，不盲目做出承诺，按部就班地做好手头的事情，对企业而言就是合理的营销策略。

企业如果经营稳定，内部机构会逐步扩大，人员数量也将相应增加。这时，企业的管理者是不会选择冒险去挑战什么的。在大型企业里，上述规避风险的安全策略能够发挥作用，也可以说是一种必然的结果。

那么，作为弱者的中小企业和初创企业如何才能取胜呢？

请各位想象一下大船和小舟的区别。大船虽然安全感十足，但改变它的方向却要耗费大量的时间。即使关闭引擎，船也不能立刻停下来。小舟则正好相反，它可以很好地顺应各种变化，灵活改变行驶方向（见图 1–3）。

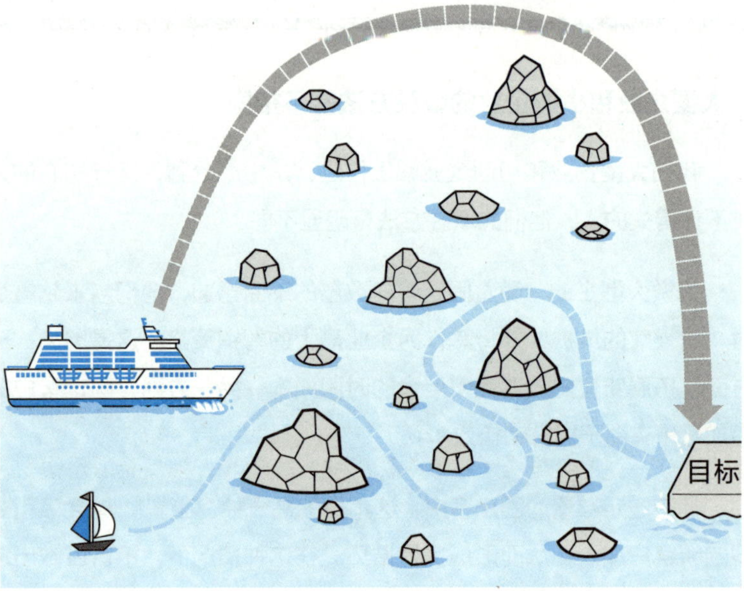

图 1–3　大船与小舟，作战方式大不同

也就是说，对市场需求迅速做出反应，并提供相应的产品和服务，这正是中小企业和初创企业的优势所在。

我回顾自己在初创企业（弱者）当工程师的工作经历后发现，在与大型企业（强者）的对决中，我之所以能够连续获胜，关键在于我将初创企业所特有的称手性和灵活性发挥到了极致。

》带着尚未定型的产品拜访客户，变不利为有利

我从 IBM 公司跳槽到一家只有 16 名员工的初创企业时，面前仅有“模型”这一件武器，而且还是尚未正式投入生产的样品。仔细想来，当时这家公司其实是有核心产品的，然而由于大型企业的加入，市场被瓜分一空。而且当时已经出现了可供用户免费使用的软件，因此我们的前景变得极不乐观。

得知公司半年后将会因资金链断裂而破产时，我决定以“模型”这个半成品作为武器，背水一战。

“我只是一名工程师啊，销售并不是我的本职工作。”虽然心里极不情愿，但为了扭转公司濒临破产的局面，我不得不经常与销售部同事一起拜访客户。由于缺少强有力的软件产品，我们只能拿着模型去拜访客户，别提有多难了。万一客户提出的要求，我们无法用模型进行演示，我们岂不是要无地自容了？

但没想到，我竟然成功了。

庆幸的是，正因为我们的产品尚未最终定型，所以才可以按照客户的要求进行安装。而那种经过充分打磨的完成度高的软件，无法轻易满足客户提出的具体要求。如果按照客户的要求修修补补地进行安装，就会违背产品最初的设计理念；如果修补过度则会导致一些功能无法正常运转，甚至可能会诱发计算机程序错误。越是大型的软件，越难做到在不破坏整体设计的情况下追加某些功能。

从这一点来看，尚处在模型阶段的样品软件，由于更易安装，反而变不利为有利了，**它能以超乎寻常的速度按照客户的要求追加新的**

功能，仅靠这一点，就可能在竞争中立于不败之地。

》与技术人员一起拜访客户，增加说服力

我作战的武器，不仅是制作软件的快速，还有初创企业在公司内部审批流程上的巨大优势。在大型企业里，大件产品仅内部审批就需要一个星期。而初创企业则不同，长则一天，短则一小时，就可以完成审批手续。

站在客户的立场不难理解，他们想要快速解决某个问题，想要实现某个构想，如果自己从头做起，时间根本来不及，所以才考虑利用现有的产品和软件。这正是引入软件的优势所在。

为了了解软件利用产品的价值，客户会请待选厂商的销售人员介绍软件的功能。但是有些功能不一定刚好符合客户的需求，经常会遇到“高不成低不就”的情况。这个时候，如果销售人员的身边有随行的技术人员，能随时回应客户“这个功能是有的”“我马上调整”，客户肯定会更放心。这种说服力，不是通过销售人员，而是通过技术人员来实现的。

》用PDCA流程[①]快速完成客户要求，取得胜利

对于研发部门而言，客户的需求是他们迫切需要知道的信息。但遗憾的是，这些信息常常无法准确而迅速地传递给他们。信息的传递过程虽然不同于传话游戏，但是处在传递链上的那些人却各有各的想

① 一种动态循环的质量管理模式，由美国著名质量管理专家戴明首先提出，主要包括四个阶段，分别为Plan（计划）、Do（执行）、Check（检查）和Act（处理）。

法。当耗费大量时间走完一套复杂的审批流程后，再想根据客户的需求做出反应，已经为时过晚。这种情况在企业中并不少见。

在客户与销售人员之间，如果加入我这样的“二传手”，情况就大不相同了。因为我既能直接了解客户的需求，又能与身处幕后的研发部门取得联系，可以及时对产品进行完善（见图 1–4）。快速实现“客户所期望的未来”，这是“合理的努力”的第一步。

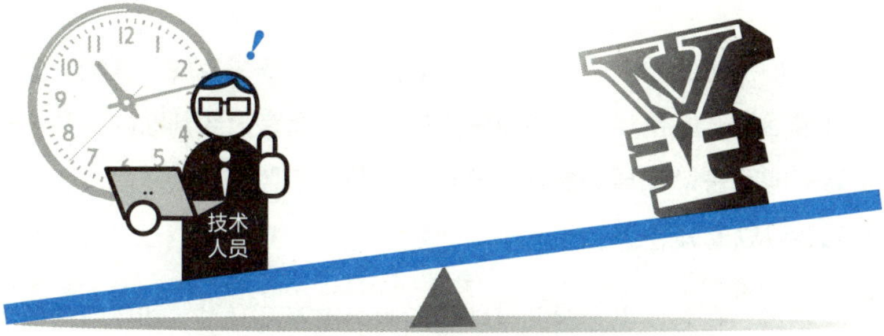

图 1–4　客户与销售人员之间的“二传手”技术人员

划重点

如果处于弱者的立场作战，
迅速做出反应才有可能赢得制胜机会。

合理的努力 2
将客户的要求用模型快速演示出来

》客户并不了解样品与成品的区别

一分耕耘，一分收获。我用样品给客户做模型演示时，他们往往会提出一些要求，比如：“这个你们能办到吗？”

客户提出的要求是否可行，需要多久能够安装完成，销售人员也许很难回答，但我作为一名技术人员，心里是有大致判断的。我一般当场就能回答：“如果您觉得这样可行，我会按照您的要求来做，一周时间就可以安装好。”

不过，有时我也会遇到某些功能明明来不及开发，却还要用模型进行演示的情况，那可真是“修罗场”啊。

作为模型的软件样品不同于真实产品，由于不需要考虑误差的问题，所以用不了安装真实产品 1/10 的时间就能够安装完成。用模型给客户做演示的正是我本人，模型演示本身并不难。我在客户面前做出一副按照他们的要求来安装产品的样子，这使得我在每一场较量中都能获得成功。

当然，我并不是在欺骗客户，而是在给自己争取时间。在产品面市前，我们一定会按客户的要求完成全部的安装工作。能够做到这一点的，非初创企业莫属。

使用模型将客户的要求快速演示出来，这个策略在运用时还须注意一点，那就是**在制作模型时，要了解客户实际使用的数据，结合数据进行演示，这样会更有说服力。**

自豪地说一句，我在初创企业工作这么多年，之所以能一直立于不败之地，正是因为我很好地践行了这一点。

如此费时费力的事情，很多竞争公司是不会去做的。他们通常只在自己公司生产的软件功能范围内进行演示。从我的实际经验来看，“很多公司不做”只是一个保守的说法，更准确的说法是“几乎没有公司这样做”。

客户实际使用的原始数据与模型所使用的样品数据看起来可能相差无几，但实际上却有天壤之别。使用客户原始数据来制作模型，需要投入巨大的人力、物力，毫无疑问，缺乏责任感的技术人员都会对此避而远之。

重点就在这里。**所谓“合理的努力”，也就是不怕麻烦，不怕辛苦，付出积极的努力，把别人不愿做的事情坚持做下去。**这个过程中往往蕴含着取胜的机会。

至于我为什么能够做出那样高难度的“使用客户原始数据”的模型，后文将会提到。

» 没有一种演示方法，能够胜过模型演示

制作模型与生产产品不同，并不需要多么高超的技术。我告诉同事们，普通销售人员也能做出我做的模型，于是公司里越来越多的人模仿我的做法，我们的销售效率也在慢慢提升。

但我想说的是，合理的努力的关键在于，拜访客户时带上一位技术人员同行，当然要在他本人不反对的情况下。

不仅互联网行业如此，各行各业都如此，再现客户所处的实际环境，用模型来进行演示，就会产生强大的说服力。善于应变的技术人员如同珍宝，一定要将他们带在身边。

我强烈建议各位销售人员，不要迟疑，和你的技术部同事一起去拜访客户吧！技术人员平时看起来好像很宅的样子，但其实他们是非常乐意外出的（见图 1–5）。

图 1–5　技术人员应该与客户当面交流

我回顾自己的工作经历，发现了一个很有趣的现象。如果由销售人员将客户的要求转述给技术人员，拜托他们安装相关功能时，十有八九会遭到技术人员的拒绝。

但是，如果带着技术人员一起去拜访客户，由客户直接提出安装要求时，技术人员往往会十分爽快地答应下来。类似的事情我目睹过很多次。

划重点

有身临其境的真实感，才能产生强大的说服力。
请将会做此类模型的技术人员带在身边。

合理的努力 3 用因式分解的办法轻松解决客户的烦恼

» 因式分解是解决问题的最强技能

我们在初中数学课上都学过因式分解的知识，可能会有不少人觉得这个内容很难，也有不少人会产生疑问："学这个将来有什么用啊？"

我非常喜欢数学，常以解题为乐，但连我这么热爱数学的人，在上初中的时候也丝毫没有意识到，因式分解的知识会对我以后的工作有帮助。

下面，我举一个典型的例题，来和大家一起复习一下因式分解的内容。

$$3x^2+15x+12=3(x^2+5x+4)=3(x+1)(x+4)$$

等式的左边是一个复杂的多项式，我们提取它的公因式，然后分解为几个简单多项式的乘积，就像等式右边那样，这个过程就叫作因式分解。

利用因式分解，我们就可以将那些看起来复杂的事项，用简单事项相乘的方式表现出来。

这看似只是一个简单的数学问题，其实是一种思维方式，甚至可以帮助我们解决生活中发生的各类问题。

我们在电视剧里看到的刑侦破案故事，其实就是一个因式分解的过程。看起来错综复杂、无从下手的案件，只需将其分解为犯罪动机、现场物证、不在场证明等若干要素，然后逐一击破，就能使案件真相逐步浮出水面。这样的破案故事简直太精彩了。

我们在人际交往和实际工作中遇到的麻烦，其实也是由各种动机和原因交织在一起形成的一个巨大困扰。要想解决这个困扰，当务之急就是将其逐一分解，这个方法非常重要。

》暂时把推销产品放在一边，倾听客户的困扰是第一要务

当你向客户推销软件时，也可以采用类似的方法。**能否把客户内心的困扰用因式分解的方式逐一列举出来，很多时候是决定成败的关键一步。**然而，多数销售人员只是在一味地向客户介绍自家产品的功能和优点。当然，其中也不乏一些销售人员装出“善于倾听”的样子，最终目的还是推销产品。

把客户的困扰用因式分解的方式逐一列出，这是我们要做的关键一步。大多数情况下，这些困扰是由众多因素交织在一起而形成的，客户本人看不明白“为什么会发生那样的事”，也不知道“怎么解决才好”，往往因此产生困扰。

所以，暂时忘掉自己是销售人员，做一个倾听者就显得至关重要。只要能将困扰的构成要素进行分解，自然不愁解决之策。我在软件商业博弈中之所以能够连续获胜，也要归功于因式分解的帮助。正是因为恰当地运用了这个方法，我才成功与客户拉近距离，签下了一

个又一个订单。

我当时推销的是一款可以对客户带来的数据进行格式转换和数据迁移的软件，例如，将数据库里的内容筛选出来，保存为Excel格式；或者将邮件里的重要事项筛选出来，保存到数据库中，诸如此类。而具有上述功能的软件在市面上随处可见。这就意味着，竞争很激烈。

然而，压力中往往蕴藏着机遇。当时，客户带来的大部分数据用普通方法很难处理，比如看上去是常见的 CSV 格式的客户信息，同类代码里却包含着换行。再比如，前半部分是固定长度的格式，后半部分却变成了可变长度的格式。当时市面上像这样以方便客户使用为优先考虑要素的原始格式非常普遍。

我的做法很简单，先分析这些复杂的格式，然后将它们重新定义为简单格式的组合，也就是进行因式分解。只要能把它们分解为简单的格式，之后再用原有工具进行格式转换，问题就迎刃而解了。

我用模型演示给客户看，证明我确实可以将他们手里的数据准确无误地进行转换和迁移（见图 1–6）。

但在与我们存在竞争关系的其他公司的技术人员中，却没有一个人能想到、做到这一点。

也可以说，正因为如此，我才有了 300 场连胜的战绩。

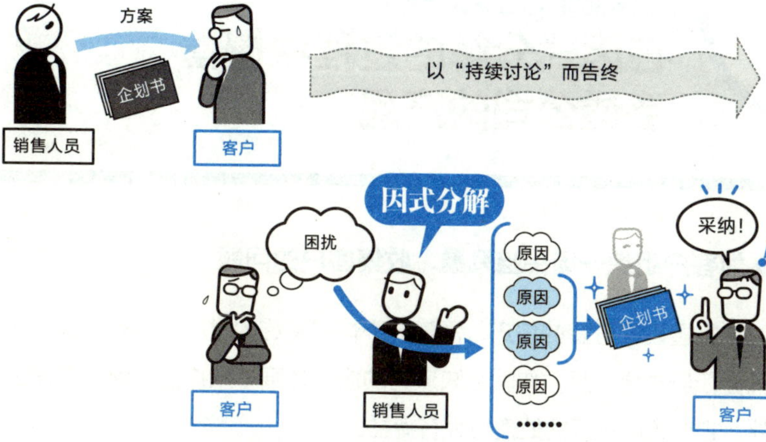

图 1-6　将客户的困扰进行因式分解

只需将客户的困扰分解为几个简单的原因，便会使他们豁然开朗，客户购买商品也会变得更加积极。

合理的努力 4
在因式分解的过程中慢慢渗透公司的产品

» 为客户组织一场头脑风暴，收集客户的问题

掌握因式分解的技巧，需要一个慢慢熟练的过程。没有人能一学就会，但学会之后，你就会知道它的应用范围非常广泛，除了工作之外，它对人际关系的处理也大有裨益。

在本节，我将结合自己 300 场连胜不败的实战经验，为各位讲解如何运用因式分解的方法来解决问题。

我们先要从客户那里争取一两天的时间，用来策划一场头脑风暴。记住，在这场头脑风暴中，我们始终发挥自己的引导作用就够了。

具体做法如下：先想办法将客户所在企业的关键人物集中起来，如果可能的话，从每个相关部门中至少挑选 1 人。另外，最好选择一个不会被电话干扰、适合人员聚集的场所。

接着拿出事先准备好的便笺纸，请在场的客户将他们心里所想的问题列举出来。如果没有便笺纸，也可以使用思维导图等工具。

然后把客户列举出来的相似问题集中在一起，分组整理。需要注意的是，在这个过程中，切记不要参与任何意见的讨论，也不要对客户进行诱导，始终发挥好自己的引导作用即可。

》装作不经意地介绍自己公司的产品

将问题整理好之后，就到了引出解决方案的环节。这个时候，我们可以恰如其分地引出自己公司的某款待售产品，将该产品可以实现的解决方案（过程以及目标）介绍给在场的客户，给他们形成一种暗示："这个产品能解决我们的问题。"

在这里有一点非常重要，那就是你必须意识到，既不能用力过猛给人以刻意推销的印象，又要明确提出这一解决方案的可行之处。

从客户的角度来看，头脑风暴现场所形成的解决方案是按照他们自己的想法得出的，但其实这中间也夹杂着我们销售方的意见。也就是说，我们在因式分解的过程中，要将自己公司的方案内容渗透到其中某一个因素里，这正是关键所在（见图 1-7）。

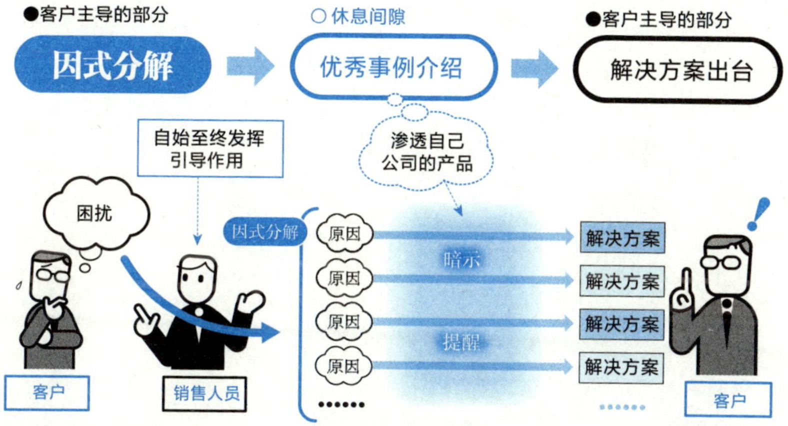

图 1-7　在因式分解的过程中慢慢渗透公司的产品

这一两天推心置腹的交谈，能够拉近彼此的心理距离，而且还能产生良好的信赖关系，可谓一箭双雕。策划并组织一场头脑风暴虽然会耗费不少功夫，却是不输给竞争对手、切实提高成功率的有效途径，所以何乐而不为呢?

划重点

以客户为主体，对他们的问题进行摸底调查，
然后选择一个解决问题的场所，
引导客户主动选择自己公司的产品。

合理的努力 5
借助竞争对手的力量，为自己争取时间

》消除客户下决心购买前的4个“不”

营销理论中提到，销售人员从最初开始接近客户，到最终让客户下定决心购买，需要消除 4 个“不”：**“不相信”“不需要”“不合适”，以及“不着急”，实现高效率的签约**。

先要消除的是“不相信”，为了做到这一点，销售人员就必须取得客户的信赖。在介绍产品之前，我们有必要先让对方相信眼前这个销售人员没有说假话，是一个值得信赖的人。

解决了“不相信”的问题，接下来需要消除的是“不需要”。在这一阶段，一定要想办法说服客户，我们推销的产品是对他们有用的。我们不能只是简单地介绍，还要对产品的功能、价格做出说明，这可能是最耗费时间的阶段。

在对方了解了购买该产品的必要性，消除了“不需要”之后，接下来要做的是消除“不合适”。也就是要让客户信服，只有我们公司的产品才是最适合他的。

生活中经常会遇到这样的情况，有的人在商场听完家电产品的详细介绍后，转身就去价格更便宜的量贩店购买。买手机时，有的人会对各家专卖店店员的说明进行比较之后选择去其他店铺购买。虽然他们已经充分了解了购买产品的必要性，但仍然“三心二意”。

对于这样的客户，我们一定要想办法说服他，只有我们公司的产品才是最适合他的，也就是消除“不合适”。

当客户已经坚定了购买的想法，最后一步就是要消除“不着急”。好不容易才让对方下定决心购买，这个时候必须趁热打铁，消除客户“不一定非要现在买”“再等等可能还会降价”“再等等可能还有更好的产品”之类的念头，让他早做决断。

由于销售的产品不同，需要花费的时间也会有所变化，但只要依次消除以上 4 个“不”，销售人员基本上就可以高效率地完成销售任务了。

》让竞争对手帮忙介绍产品的优点，为自己争取模型演示的时间

前文中我不止一次提到，利用客户数据进行模型演示，可以提高客户的购买意愿。

如前面提到的这 4 个“不”，我们完全可以利用模型演示，来帮助客户消除“不合适”的顾虑。

然而，准备模型需要耗费大量时间，这是我们在消除“不合适”阶段遇到的巨大瓶颈。

而我采用了一个大胆的策略，那就是利用竞争对手向客户介绍产品的时间，下功夫钻研模型的制作（见图 1–8）。

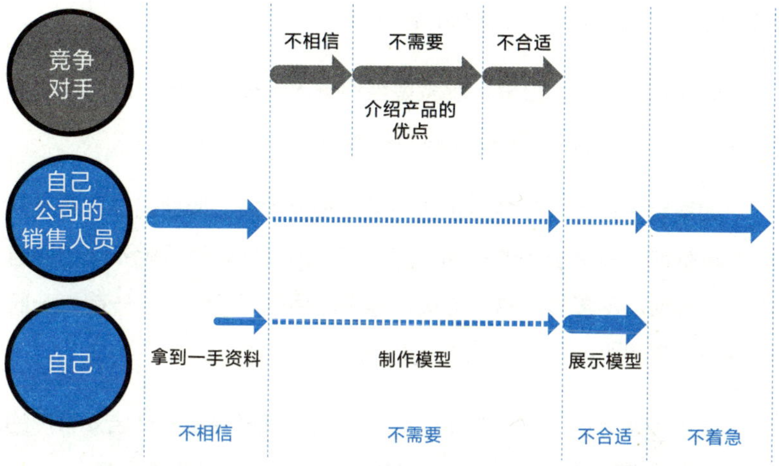

图 1-8　趁着竞争对手介绍产品优点的时间，钻研模型制作

消除“不需要”的这个阶段，就让竞争对手去完成好了。反正是同一类型的软件，只要能说服客户，也不一定非要自己公司的人亲自出马。

有一点需要注意，那就是处在消除“不相信”这一初级阶段时，作为技术人员的我，一定会和销售人员同行。因为越早出面，越能尽快拿到客户难以处理的一手资料。不仅如此，让技术人员同行还可以有效消除客户的“不相信”心理，取得对方的信任。

我站在技术人员的立场，摆出与推销毫不相关的样子，在初期拜访客户的时候，还会特意向他们介绍我们的竞争对手。虽然销售人员一般不愿意这么做，但让客户知道我们存在竞争对手这一事实，有助于获取客户对我们的信任。我甚至还会主动跟客户说：“您不妨先去我们的竞争对手那里听听他们的产品介绍。不过，随后我们会用更出色的模型演示给您看。”以此来给客户打好预防针。

这样做还有一个好处，那就是当你进入下一个阶段，即消除“不合适”时，就能顺理成章地让自己公司的模型闪亮登场了。

如果我不把存在竞争对手这一事实告诉客户，而他们自己通过别的途径听取了竞争公司的产品介绍，那会出现什么后果呢？我们的竞争对手会将“不需要”这一阶段，连同之后的“不合适”一起，一鼓作气地全盘解决掉，这样一来，我们就没有上场的机会了。

因此，我才敢“反其道而行之”，通过将竞争对手主动告知客户的做法，来为自己争取一张王牌，以达到消除“不合适”的目的。

以上是我基于对自己所制作模型的自信才想出的营销策略。对于必须在有限的时间内应对大量竞争局面的我而言，这种方法效果非常显著。

划重点

让竞争对手去消除客户的“不需要”心理，在此期间，若你为消除“不合适”做好了准备，就能胜券在握。

合理的努力 6
转换视角，寻求不战而胜的方法

》如果无人岛上只有一棵能结果的苹果树

胜利者的背后，一定有失败者的身影。放眼全局，这未必是什么好事。它只会给人造成一种印象，那就是通过竞争的方式，胜利者从一块馅饼中多分得了一些。

为了让各位更好地理解这一点，我就以“无人岛求生”为例来讲一讲吧。几十个人漂泊到了一座无人岛上，假设岛上只有一棵会结果的苹果树，这是所有人唯一的食物来源。这些漂泊者为了生存下去，都想尽可能地多摘一些苹果。如果苹果是取之不尽的，大家自然不会起争执，谁想摘多少都可以。然而有一天，当某个人忽然发现原来苹果的数量是有限的，就会不可避免地出现争夺的局面。

这时，如果岛上出现一位奉行和平主义的首领，他可能会提议：“苹果由所有人一起均分。”但这样做会使人们产生懒惰情绪，其实这种分配方式是不公平的。而且更严重的是，那些伸手可摘的苹果最后可能连种子都不剩一颗，岛上的人们没有了食物，很可能会活活饿死。

》扩大市场，创造新的价值，摆脱争夺的危险

在上述情况下，我们可以试着转换一下视角。

转换视角的一个方法是思考一下能否通过大家的共同努力采摘到更多的苹果。如果大家同心协力，搭成“人梯”，无疑就能采摘到更高处的苹果。

但是竞争使人疲惫。有能力的人也许会取得持续的胜利，但这个世界上没有永远的王者。盛衰本无常，一招不慎就可能前功尽弃。

现实中我们在做出竞争的选择之前，尝试着打开脑洞想一想，有没有什么办法可以创造新的价值，或者扩大市场，从而增加需求总量呢？

》以长远的眼光看问题

转换视角的另一个方法是将时间轴延长。因为现阶段看起来有限的东西，我们很有可能通过对未来的展望，使其价值膨胀（见图 1-9）。

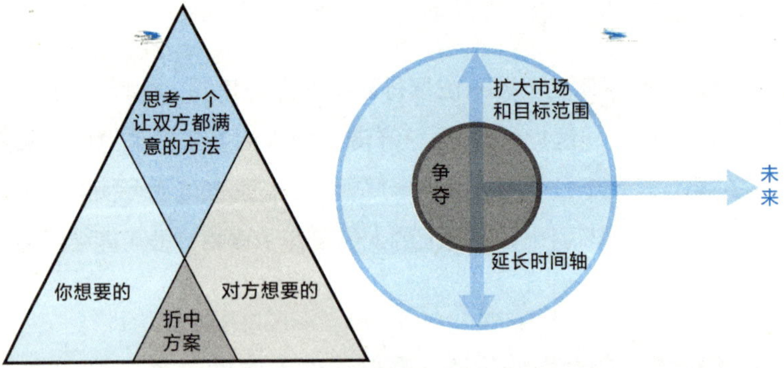

图 1-9　转换视角看问题

以前文提到的苹果树为例，热衷于与对手竞争，将苹果抢夺一空的做法并不可取。只有对每年的收获量进行合理控制，悉心养护树木，保证它每年都能持续结出果子，细水长流的做法才能保证源源不断的供给。

从养护树木的视角出发，我们得出的解决方法就可能与之前完全不同。

遇到那些看起来非常棘手的问题时，我们不妨将时间轴延长，把未来也考虑进去，问题往往就不难解决了。

» 研究客户尚未意识到的问题，提出解决方案，摆脱消耗战

尝试把前文的场景代入商业活动中来思考一下吧。

在商业活动中也会发生无意识的争夺，而且是频繁地发生。与对手切磋琢磨，能够提高彼此服务的质量。

可是，倘若每一场争夺我们都要置身其中，那就成为毫无意义的消耗战了。如果条件允许，我们应该将主要精力放在创造新价值、提交新方案上，这样做才更有建设意义，而且还不用伤害任何人。

以我常年“征战”的软件行业为例，我也参加过由客户们所主导的报价会，但仅此远远不够，更多的时候我会主动出击，向客户提出解决方案，这样才有更大的建设意义。

对于那些客户已经意识到的问题，我们往往只停留在提供功能服务这一步上。对此，我建议应该着手去研究那些客户尚未意识到的潜在课题，以书面形式提出自己的建议并形成一套解决方案。

如果我们在方案中不经意地渗透一些本公司产品的应用建议，一般是不会引起竞争的。即使解决方案未被采纳，竞争也难以避免，但只要我们抓住了客户问题的核心部分，除了用产品解决问题，在其他方面为客户排忧解难、提出建议也是非常可取的。只要我们学会差异化的处理方法，体现出自己的特色，就能远离失败。

》转换视角，实现不战而胜

前文提到，运用工具软件对客户数据进行格式转换或数据迁移成为我连战连胜的武器。为了实现此目标而进行的“合理的努力”中，就蕴含着下面两个改变视角的方法。

第一个方法是，跳出“靠产品取胜”的思维框架，狠下功夫来为客户提供更大的价值。就算客户没有主动提出什么要求，我们也要认真倾听，从中寻找自己可以有所作为的地方，然后提出具有附加价值的提案，这是我的一贯做法。

即使客户对自己公司的业务非常熟悉，他也未必了解整个互联网行业。很多时候，他们受先入为主观念的影响，认为我们解决不了某个问题，于是选择放弃。察觉到客户的这一心理后，我明确地告诉他们:“这个问题其实很容易解决。”这样一来，在竞争中，我们就能自然而然地呈现出与其他公司的不同，从而实现顺利签约。

第二个方法是，展望未来。我经常与客户聊起如何解决下一步面临的问题，我们一起描绘心中的梦想，共同憧憬着未来，激情澎湃。

有的问题即使目前无法解决，我们也会跟客户说:“这个问题将来一定能帮您解决，我们现在就开始做准备。”对此客户的内心往往会充满感激，同意与我们合作（见图 1-10）。此类情况我经历过很多次。

图 1-10　不用同台竞技，就能实现连战连胜、长期合作

将时间轴纳入考虑的解决方案，将会大大提高胜率，这一点请各位切记！

划重点

不仅要按客户的要求制作方案，还要发掘出客户尚未意识到的潜在需求并做出相应的方案，以此来达到不战而胜的目的。

合理的努力 7
充分考虑关键人物的“受益点”

》搞定关键人物很重要

在 B2B 的商务活动（即企业间电子商务）中，客户所在的企业选择产品时一般会制作一份对比表格，将同类的待选商品放在一起进行研究。对比表格里列出的项目繁多，主要包括“金额”“性能”“所需的主要功能”“售后维修”等。

据说，客户企业的项目负责人（关键人物）在制作完表格之后，会对选择哪个商家的产品提出自己的建议，然后将这份带有结论的报告交给上级。因此，我们作为销售方，自然要想方设法地让表格中的内容对自己有利。

这件事情看起来好像并不难，很多人天真地以为只要产品性能优良、功能齐全、报价合理、售后完善，就没有道理会落选，但其实并没有那么简单。关键人物稍作斟酌，就会导致对比表格里所列的项目发生变化。理论上而言，任何人做出的表格都应该是一样的，但实际上表格里存在着可以主观控制的因素。

》将企业和关键人物的受益点都呈现出来

制作一份对客户有利的方案是销售方的工作。但是，为了在商业博弈中获胜，我们不仅要让客户所在的企业受益，还必须考虑一个重要的因素，那就是如何让企业里的关键人物以及采购负责人也能从中受益。

例如，我们在销售话术中加入“这样做的话，能够大量削减浪费，降低成本”“这样做的话，有望大幅提高销售额”等内容，让客户了解销售方产品的优势所在当然是非常重要的。

除此之外，用彰显个人受益点的话语来打动关键人物也是必不可少的。例如，“若能成功推进这个项目，您也有机会升职加薪”“引入我们的产品，能使贵公司的工作效率得到巨大的提升，您也会因此受到员工的尊敬和爱戴”。

当然，这并不是让你去行贿或者请客吃饭，你只需要把方案中的产品演示给关键人物看，让他切实感受到这个产品可以让包括他本人在内的整个公司都受益，让他们的工作变得更加轻松、方便。这比请客吃饭之类的做法更有效果，而且可以正大光明地进行。

我们的任务是让关键人物了解我们产品的优势以及他能从中得到的受益点，让他倾向于选择我们的产品。

这样一来，关键人物在制作产品的对比表格时，自然会更加偏向我们了（见图 1–11）。

商务活动往往是在计算利益得失的基础上发生的，但从我的经历来看，如果能够同时满足个人和企业两方的利益，那么离连战连胜就不远了。

图 1-11　要在商业博弈中取胜，拿下关键人物就可以获得九成的成功率

划重点

你所制作的销售方案不仅要体现出客户公司的受益点，还要体现出关键人物的受益点，做到了这些，客户制作的对比表格自然会更加偏向我们。

合理的努力 8
先下手为强，让客户对自己产生依赖

》充分利用“免费增值”的商业模式

商业模式，即赚钱的结构模式。近年来，一种被称为“免费增值”的商业模式逐渐普及。它是指让九成的客户免费使用产品来创造市场，让剩下的一成客户支付高额费用来保证整体的营利性。在游戏行业，这种商业模式已经成为主流。游戏软件基本都可以免费使用，因此吸引了很多人来玩。一传十，十传百，游戏商家就在用户中建立了良好的口碑，逐渐形成较大规模的市场。

游戏里最重要的就是升级打怪。然而无论游戏用户再怎么勤恳努力，赢得冠军也不是一朝一夕就能做到的。这个时候，游戏用户自然会产生消费的需求，因为如果掏钱购买装备，他就可以早日变得强大。而装备要付费才能购买，沉迷游戏无法自拔的那一成用户，愿意支付这笔高额的费用。游戏商家仅靠这一成用户，就完全可以实现营利。

这就是“免费增值”的商业模式。使用“免费增值”模式的例子在街头巷尾开始不断涌现。例如，云服务器一般都会提供免费保存 5GB 数据的服务。由于它可以自动备份，因此对那些拥有计算机、手机等多台设备的人非常有吸引力。

不过，就是因为太方便了，人们会不知不觉地一直用下去。过不了多久，5GB 的存储空间就不够用了。这个时候，别无选择的用户就只能通过付费的方式来保障持续正常使用。这就是一个典型的靠一成用户实现营利的案例。

“由俭入奢易，由奢入俭难”，人一旦尝到了轻松舒适的滋味，就会对此产生依赖，以至于难以自拔。虽然明知这样下去只会弊大于利，但依然沉迷于眼前的轻松和小恩小惠，再也懒得去做麻烦的切换工作，更别提让自己从安逸中脱离出来。

》试用版一定要做到客户可以真实操作的程度

在互联网界，有越来越多的商家向用户提供试用版。他们通过让用户体验该产品的优点，从而达到促使其购买的目的。

我在初创企业工作期间，与销售人员一起拜访过上千家公司，其中有超过九成的客户向我们索要试用版。我们销售的是价格不菲的工具软件，因此从某种意义上说，客户提出这样的要求也无可厚非。

但是，绝大多数客户在拿到试用版光盘后就放在一边，甚至都不去安装。虽然有的商家会帮助客户安装试用，但更多的时候，客户以为拿到试用版就大功告成了，然后将其随手放在一边。

于是，我进行了一番“合理的努力”。我为客户制作了一个演示程序，让客户用手头的真实数据进行操作运用，并确认他们实际使用之后会体验到便利。如果客户对这个演示程序非常满意并产生依赖性，那就万事大吉了。即使有竞争对手的存在，客户也会毫不犹豫地购买我们的产品。

》成为关键人物的代言人，成为客户的左膀右臂

除了让客户免费试用互联网软件，上述“合理的努力”还有其他用武之地。那就是，你要让自己成为关键人物的代言人。关键人物肯定都很忙，日理万机。他不仅要制作向老板汇报的商家对比资料，还要替老板准备费用预算等各类资料，甚至他还需要做与他没有直接关系的会议记录，忙得不可开交。如果你乐意成为客户的左膀右臂，他自然会对你产生依赖心理。说不定在某个合适的时候，他就会在发给各竞争商家的“筛选条件”里，写入对你们公司更有利的内容。

真心实意地为客户付出，获得他的大力赞赏，何愁得不到回报呢！这也是我连战连胜的秘诀之一（见图 1–12）。

图 1–12　让客户对你产生依赖，从而达到连战连胜、长期签约的目的

划重点

人一旦尝到了轻松的滋味，就再也不想“吃苦”了。
若能成为客户的左膀右臂，让他对你产生依赖，
就能提高成功率。

合理的努力 9
用理工科特有的感情和气魄来取胜

》立即满足客户提出的“无理要求”，实现订单逆转

我能在商业博弈中创造出屡战不败的神话，很大程度上也要归功于那些无法用逻辑描述清楚的“无形的力量”。

一般来说，能够轻松拿下的案子，单靠销售团队自身就可以完成。凡是需要我出面的情况，基本都是存在困难的案子，他们希望我来扭转不利的局面。

例如，有时我们会遇到竞争对手先发制人，已经抢先与客户建立了强有力的关系。我们与某家大型商社①进行商谈时就是这样。对方已经基本决定和我们的竞争对手——一家外资企业合作，客户的公司中有几个人也报名参加了那家外资企业举办的教育研讨会。

可是，作为关键人物的项目负责人，却似乎一直心存疑虑。虽然合作对象已经基本确定，但他也会去参加其他商家举办的研讨会并了解情况，我们公司有幸成为其中的商家之一。

关于演示法的具体内容，我将在下一章详细阐述。与其夸口称赞自己的产品，不如直接描述事物的本质，这一点我一直谨记在心。

---

① 又称综合商社，是集贸易、产业、金融及信息等为一体，具备为客户提供综合服务的大型跨国公司，为日本流行企业形态。——编者注

我在研讨会上所说的内容似乎打动了那位关键人物的心。他在研讨会结束后专门来找我，把他们公司的各项琐碎要求一股脑儿摆在了我面前。从某种意义上说，那都是些“无理的要求”。不仅最有力的那家外资企业没法满足他们要求的功能，我们公司出售的产品也同样无法做到。

不过我并没有放弃，当天就找到公司研发部负责人商量，力争把对方提出的一系列功能在安装时一一实现。晚上 10 点，我给关键人物回复“您的要求可以满足”。结果，我们成功了。

据说，那家与我们存在竞争关系的外资企业，好像一直对客户提出的要求含糊其词，迟迟没有给出明确的答复，而我却在当天就给出了“Yes”的回答。这种处理问题的灵活性和速度，在软件买卖双方的长期合作中有着举足轻重的地位。关键人物在当天就取消了参加对方研讨会的计划，正式跟我们公司签订了合同。

后来我听说，日本的商社好像也更愿意与开发国产系统的商家合作。与产品的质量好坏无关，我凭借特有的感情和气魄争取到了这笔订单。

》客户关注的不只是产品性能，热情与毅力也是打动客户的法宝

在为某大型建筑公司引入软件的过程中，我们与竞争对手相比处于绝对劣势的地位，为此我们一筹莫展。竞争对手是一家日本的初创企业，他们的产品在功能和性能上都远远超过我们公司。

换作以往，我会制作模型来向客户演示，表明我们有信心解决他的难题，以此来打动客户，进而实现顺利签约。但在这个案子中，客

户提出的要求非常简单，只是“将CSV文件插入数据库中”，因此都没能给我一个展示模型的机会。客户的选择标准只有一条：性能优者。我们的竞争对手已经使用客户的数据给出了性能测试结果。如果我们不能在速度上超过他们，就没有取胜的可能。

眼看着我们就要失去这笔订单了。一天，我前往客户的公司，用我们自己的工具软件进行实际测试，但无论我怎样努力，都无法超过对手的速度。我不甘心就此放弃，打电话给公司研发部，一边通话一边让研发人员当场修改参数，再导入，再修改，然后再测试。如此反复操作，不知不觉已到深夜。客户早已回家，而我依然坚持着，在研发部同事的协助下，我进行了多次测试，一直到凌晨 3 点，总算在一次测试中超过了对手的速度。虽然除此之外的其他测试，我们在性能上全都败给了对手，但也管不了那么多了，凌晨 4 点我完成并提交了一份报告，证明我们可以靠性能取胜。

尽人事，听天命。出乎意料的是，客户最终选择与我们合作。后来听说我们之所以能被选中，并不是因为我们产品的性能有多好，而是我的这份气魄打动了客户。

虽然在性能方面我们比不上对手，但实际差距并不大。诚然，任何一个项目都有可能因毫厘之差而落败千里。在这种情况下，我的气魄起了关键作用，用仅有一次的测试结果，让客户萌生出“愿意与有气魄的同伴一起合作”的想法，从而力挽狂澜，实现了逆转。

销售人员当然应该努力拼搏，而技术人员奋力扭转局面的样子也别具一格。我发现当习惯理性思维的人一反常态，做出超越理性的行为时，更容易让人感动。感情和气魄，是支撑我取得连胜战绩的有力武器之一（见图 1-13）。

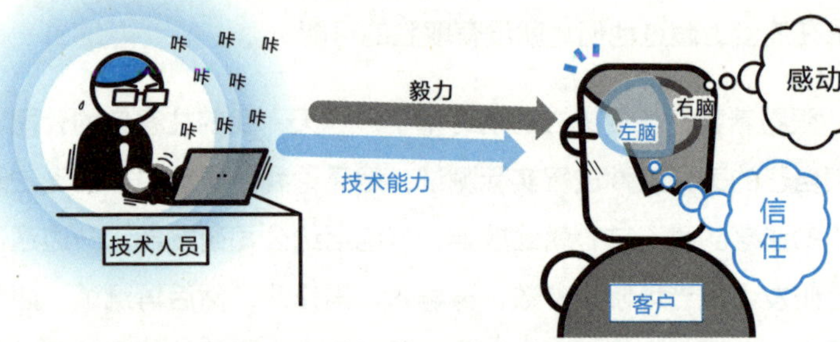

图 1-13　用感情和气魄取胜

划重点

理性派的人，用超越理性的热情对待工作时，更能打动客户，实现成功签约。

第2章

报告演示法

自我介绍要控制在 1 分钟之内

》言简意赅的描述，更有助于理解

无论我们的产品和服务做得有多好，如果不会宣传的话，客户也不可能接受我们的销售方案。但理工科出身的人，往往喜欢靠内容取胜。他们相信只有内容才是真实的东西，用语言进行修饰，夸张地演示出来，就是一种欺骗，他们对此表现出反感、不屑一顾。

我也一样。即便现在，我依然认为内容才是胜负的关键。也正是因为存在这种意识，我们才能不断提高产品质量，增强竞争力。

然而，精心准备的内容却因为宣传不到位而导致损失的情况也屡见不鲜。

在这个信息泛滥的时代，客户在做出选择前都会经历一个过程：首先，他们会不厌其烦地精心收集各方面的信息，然后将信息“细细咀嚼”，待充分消化理解之后再做出最终的选择。如果能进行言简意赅的描述，我们就能有效地推进上述过程，这对客户来说是非常重要的。

》报告演示时，要有时间观念

在我常年奋战的软件开发、销售领域里，也有无法回避的演示环节。演示为不擅长语言交流的人提供了挽回局面的机会。我之所以这么说，是因为演示与辩论不同，它不需要在现场瞬间做出回应，演示者完全可以提前准备好再上场。

我希望各位有一个准确的时间观念。举个例子，当客户跟你说“我这会儿抽出 10 分钟时间，你给我讲讲吧”，那么准备多少内容合适，你应该做到心中有数。

演示时非常重要的一点就是把握好整体的信息量，再根据时间长短来决定内容的多少。我们制作的演示资料，在内容和页面设计上，要让演示者能随时调整讲话节奏，不能让客户产生厌烦心理。整体的信息量是形成时间观念不可或缺的因素。例如，可能在演示的前半部分就已经把重要内容全都说完了，剩下的时间不知道该说什么的时候，气氛就很容易尴尬，冷场就会出现。当然也有相反的情况，前面啰啰唆唆一直没有切入正题，好不容易将气氛烘托起来，演示渐入佳境时，时间却所剩无几。

上述失败的例子，我目睹过很多次。可见，用最小的努力让自己具备敏锐的时间观念，把握好整体的信息量是多么重要。下面，我将教给你具体的方法，也就是将自我介绍用的“1 分钟演示”作为标准配置。

》省略与主题无关的问题，进行实际演练

不擅长说话的人一般都有这样的担心：给我这么长时间，有什么可说的呢？对于这类人有一个行之有效的方法，就是让他们体验一下“糟糕，时间不够了”的感觉。如果感觉时间不够用，可以通过对讲稿的内容进行压缩删减来解决，让自己了解时间的长短，从而变得从容不迫。

用 1 分钟来举例说明吧，这是一个很短的时间。我们计划进行 1 分钟的演示，然后按照这个时间长度来准备讲稿，结果发现，除非讲话时加快语速，否则时间根本不够用。没有经验的人，往往都会犯上述错误。说是 1 分钟，往往准备的是 1 分半钟的讲稿。而对多出的 30 秒内容进行删减，是一件很痛苦的事情。

轻松掌握“1 分钟演示”的技巧，只需用下面两个方法进行训练即可。

第一个方法是省略多余的文字。与主题没有直接关系的内容、形容词修饰语应该尽可能去掉。“早上好”“今天，各位在百忙之中……”“天气……”等寒暄语以及作为铺垫的话语，统统不需要。甚至，连自己的名字都没有必要说出来。因为，主持人一般会提前做出介绍：“接下来有请……先生（女士）”，而且发给大家的资料里基本都会列出发言人的名单。

第二个方法是实际演练。在演练的过程中，注意不要无意识地加入讲稿上没有的内容，中间也不要出现卡壳停顿的情况。不熟练的人可能会因为一句话重复了两次，或者“那个……”之类多余的话而耽误时间。去掉这些，至少能缩短 10 秒的时间。

用上述两个方法重复训练，不仅能够把握好 1 分钟可传递的信息量，而且也能从中了解时间究竟是如何被浪费掉的。懂得了“1 分钟演示”的讲话技巧，接下来可以用“3 分钟演示”来进行训练。通过不断地积累，就能自然而然地掌握调整时间的窍门。

本来，工作中初次见面的机会就异常多，无论何时何地，即使突然被点名也能流利地进行自我介绍的人，往往会拥有良好的人际关系，也会让自己变得更加自信。慢慢熟练以后，除了 1 分钟之外，我建议把 30 秒、3 分钟等不同版本的演示也提前准备好，这样讲话时会更加游刃有余（见图 2-1）。

自我介绍时所使用的“1 分钟演示”标准配置，是提高演示水平的第一步。

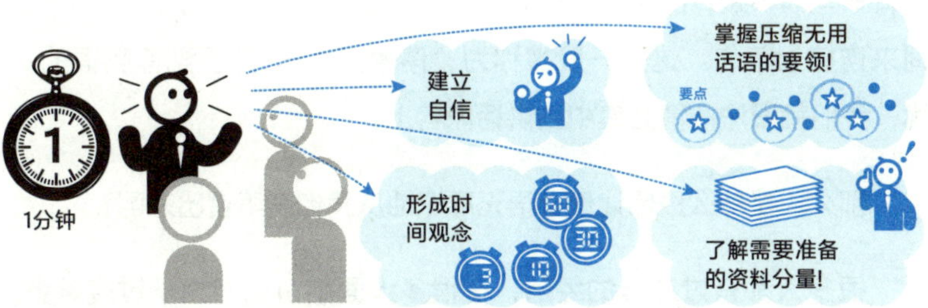

图 2-1　“1 分钟演示”的效果

划重点

“1分钟演示”的标准配置，首先需要的是自信。

报告演示不需要多余的停顿语

》为什么我们总是会无意识地冒出“这个”“那个”等停顿语

我们自己说话时可能并没有意识到，但在听别人讲话时，能感觉到有一些很不顺耳的表达，比如用“那什么……”“哦，那个……”等词来连接上下句。这些一般被称为“停顿语”。一旦受到停顿语的干扰，我们就没法把精力集中到讲话内容上。

那么，是什么原因让停顿语无意识地从我们嘴里冒出来呢？

很多人都有过这样的经历，在很多人面前讲话时由于过度紧张，压根儿没注意到自己的说话方式。一个人如果紧张过度，大脑的思考速度跟不上说话的速度，为了调整好节奏，就会使用停顿语来连接上下文。当我们边思考边讲话时，嘴里就很容易冒出停顿语。

想要解决这一问题，我们可以如前文所述的“1 分钟演示”那样，提前把讲稿准备好，并将它背得烂熟于心，这样自然就不会冒出停顿语了（见图 2-2）。

由于停顿语是我们无意识中发出来的，就算我们事先立誓：“今天要再说‘那个’，我就……”，也未必能完全杜绝，因此需要进行一定的训练。

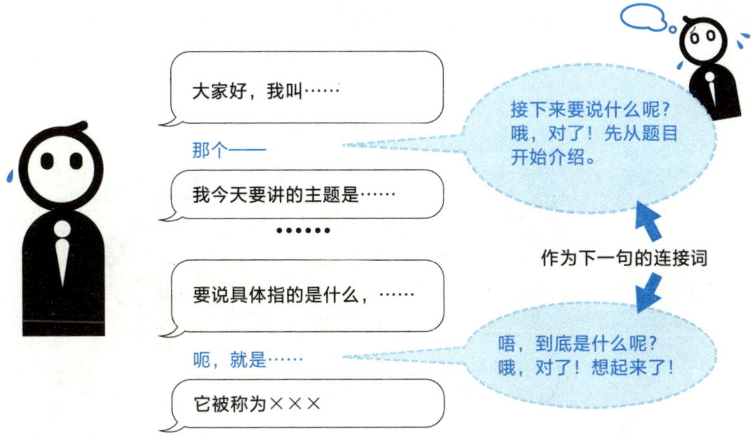

图 2-2　我们经常使用的停顿语

》通过刻意练习减少停顿语

我建议大家分成小组轮流练习以下方法。谈话的主题不限，最简单的就是自我介绍。每人准备一个 3 分钟的讲稿，然后小组成员按顺序进行演讲即可。

练习的重点在于，演讲者一旦冒出停顿语，其他人要立刻举手打断他的演讲。在演讲的过程中，哪怕一句话还没说完，只要听到停顿语，就一定要当即叫停。用这个方法反复轮流练习。如果人数过多，完成一轮所花的时间会比较久，也很难体验到上场前的那种紧张感，所以 10 人左右比较合适（见图 2-3）。

当你实际体验后就会发现，从头讲到尾而不插入任何停顿语是相当难的一件事，几乎没有人能够持续讲话超过 30 秒而不插入任何停顿语，他们持续讲话短则几秒，长则 10 秒。即使是擅长演讲的人，也会蹦出一两句停顿语。所以，在最开始练习时，就算做不好也不要气馁。

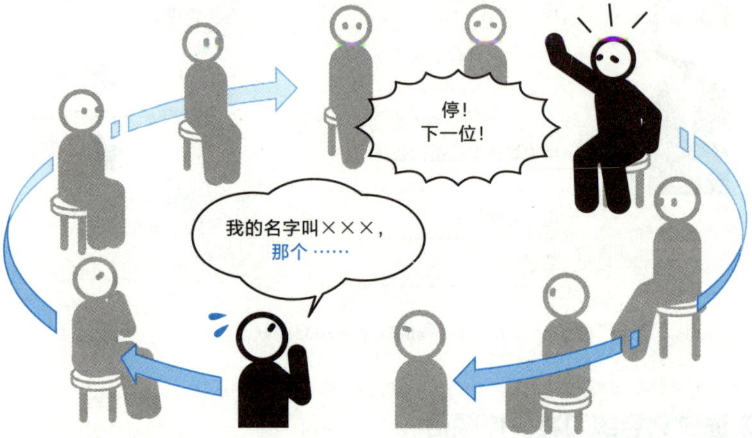

图 2-3　减少停顿语练习

做这个训练时，你会感觉到好像有两个自己同时存在，一个是演讲的自己，另一个是听完之后复述的自己。除了停顿语的问题，你还能从中发现自己身上的一些小毛病，所以一定要试试这个方法。

通过练习来去掉停顿语之后，你将变得更加从容，而且能慢慢减少对演讲这件事的恐惧感。或许你还可能会在演讲中故意留出一段空隙，来勾起观众的好奇心呢。

解决了停顿语的问题之后，接下来需要练习句尾的发音，发音务必清晰，不要拖泥带水。如今，越来越多的人喜欢把句尾的元音刻意拖长。比如："就是这样子的呀（a）……""虽说如此（i）……"很多时候，演讲者自己可能并没有意识到这种拖泥带水的演讲方式会招致观众的反感。每句话的最后一个字都清晰利落地发出来，掌握好断句和抑扬顿挫，整个演讲就会充满节奏感，让人听起来非常舒服。有时间的话，一定要好好练习。

划重点

通过刻意练习来纠正停顿语。
想让你的演讲变得动听，掌握方法很重要。

要做到与观众进行全方位的眼神交流

» 做报告时，能始终直视观众的人只有5%

我再来教你一个锻炼演示技巧的方法。

我本来很不擅长演讲，但机缘巧合下，迄今为止也已经有过几千次登台演讲、演示的经验了。我在倾听包括竞争对手在内的无数场演示的过程中，发现了一个奇怪的现象：超过 95% 的人在说话时压根儿就没有看观众的脸。

一对一交谈时，我们肯定都会看着对方的脸。因为需要考虑的对象只有对方一个人，所以只看着他就好了。问题是，如果观众不是一个人，而是多个人，就算我们克服了紧张情绪，敢于直视观众，往往也只会将目光停留在最初看到的那个人身上，或者一直盯着台下对自己点头的那个人。

但我要告诉你，无论关键人物是否坐在观众席中，我们都应尽可能地将目光传递给在场的所有观众，这样做无疑能提高签约的成功率。

我曾长期就职的 IBM 公司也存在着上述问题，照理说大多数员工对演示已经非常熟悉了，但他们当中有超过 90% 的人在演示过程中并没有看着客户的脸，而是背对客户，面向显示资料内容的投影屏，喋喋不休地讲着，丝毫没觉得哪里有什么不妥。

人在特别紧张的情况下，看着对方的眼睛讲话也许是一件困难的事。但正因为难以做到，我们才更应该好好掌握这一技能，来为自己的成功加持。

》如何练就眼神交流的本领

具体的练习方法跟停顿语是一样的，我建议还是以小组的方式轮流练习。题材不限，3 分钟的自我介绍就是一个不错的选择。

好了，练习正式开始。在开口说话前，可以让所有观众分别在自己桌子上立一支笔，接下来演讲的 3 分钟时间里，你要同时兼顾讲话内容和眼神交流两个方面。而观众这边也需要做出相应的配合，当感受到演讲者跟自己有目光交流时，就把手里立着的笔放倒。这个练习的目标是在 3 分钟演讲结束以后，演讲者要确保所有观众的笔都是放倒的状态。

如果注意力都放在笔上而导致说话前言不搭后语，那也是失败的演讲。因此，通过反复练习，要让自己既能把话说得清楚明白，还能保证所有的笔一支不落地倒下来。当你能够轻松自然地与观众进行目光交流时，你就大大提升了自己话语的说服力。掌握好这项技能，做演示时的成功率也会倍增。

》先把目光放在最后一排中间位置的观众身上

当你受邀在大型会场做演讲时，眼神交流是至关重要的。

如果你实在不好意思与观众进行眼神交流，可以先试着把目光放在最后一排中间位置的那个人身上，这样做多少能够掩饰一些内心的紧张不安。因为对方坐在最后一排，你在前面肯定看不清楚他的表情，所以一直盯着看不是多么困难的事。当你无法环视全场观众时，不妨试试下面这个办法，很有效果。

当你感觉心情稍微放松些时，可以将目光固定在后排左侧、后排中间、后排右侧三个点，如果目光能在这三点之间顺利交替，就能增加“环视感”，这会比之前盯着最后一排中间位置的观众的效果更好（见图 2-4）。

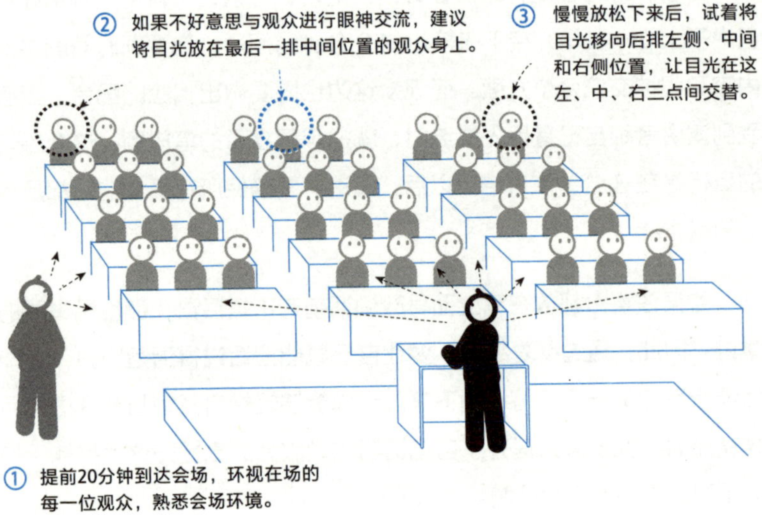

图 2-4　与观众进行眼神交流的方法

还有一些办法可以缓解演讲时的紧张情绪。这也是我经历过数千次演讲之后依然坚持在做的事。

首先，至少提前 20 分钟到达会场。我一般都是提前 1 个多小时到达会场，以便充分熟悉现场环境。做到这一点，就可以大大缓解自己的紧张情绪。

其次，进入会场之后，尽可能找一个前排靠边的位置坐下来，这个座位的优点在于，你只需稍微转一下身，就能够将整个会场的人群尽收眼底。而且，你看到的不是观众的背影，而是正脸。

再次，在会场灯光被调暗之前，试着用你的眼神与每一位现场观众进行交流。如果有中场休息，一定要紧紧抓住这个机会，利用眼神交流来拉近自己与对方的距离。

最后，在你们目光交汇的那一刻，观众会产生一种亲切感，整个人都放松下来。而且，由于之前已经进行过眼神交流，你再次面对观众演讲时也能变得更加自如。请务必试一试这些办法，你一定能体会到那种按照自己的节奏来演讲的愉悦感。

划重点

眼神交流的技巧
也可以通过刻意练习和不懈努力来掌握。

从亮点入手，事半功倍

》展示不一定要从头开始，从高潮的结论说起更有效

读一本小说时，读者往往都是从开头部分读起，但是作家也是从开头部分按顺序进行创作的吗？好像未必。有的作家喜欢先设定一个奇特的场景，将高潮部分和结局先呈现在读者面前，然后再一点一点勾勒出整个故事的情节。

演示也是如此，不一定非要从头开始构思。按照从头开始的顺序讲下去，很容易让观众感到枯燥无聊。

一般来说，软件产品的演示基本先从自我介绍、研发背景等相关说明开始，接着是重要事项的确认、产品和服务的功能说明，然后引出结论。而与其他公司的对比，则作为最精彩的部分，放在最后来讲。

按照上述常规流程进行演示一般不会出错，但也存在很大的弊端，那就是不会让观众有耳目一新的感觉，因此也就难以给他们留下深刻的印象。怎么做才能更胜一筹呢？**要领就是，演示开始时先通过强烈的视觉冲击来引起观众的兴趣。**然后适时加入一些“调味剂”来刺激观众，让他们在整个演示过程中能一直保持兴奋的状态，不至于昏昏欲睡。而到了演示的最后部分，则一定要用打动人心的句子来作为结束语，这往往能收到事半功倍的效果（见图 2–5）。

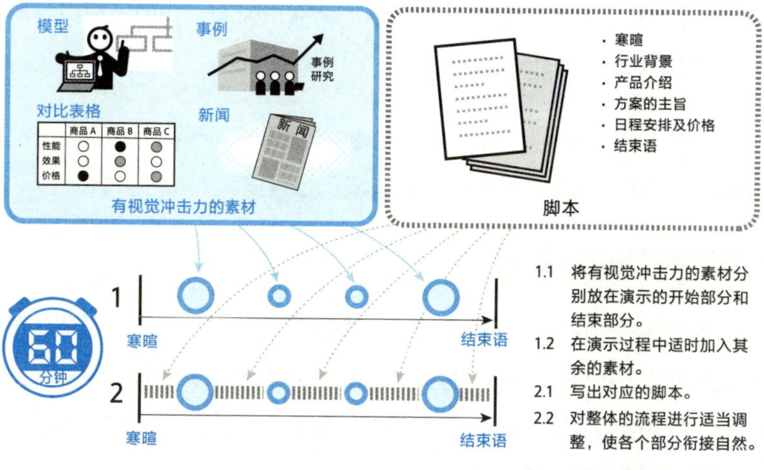

图 2-5　在演示文稿中如何加入亮点

要想达到上面的演示效果，我们首先应该思考：什么是能刺激观众使其保持兴奋状态的“调味剂”呢？用棒球运动来打比方，它相当于“持球”的动作。

“持球”也就是“亮点”。比如令人感动的话语、有视觉冲击力的模型、与其他公司相比体现出我方绝对优势的对比表格等，试着将你手中的“持球”全部摆放到桌面上来。

我们在写文章时，必须有“起承转合”的意识，但是做演示不一样，按照常规顺序进行反而会导致失败。正确的做法应该是“合承转起”，先从结论说起。原因之一是我在前文提到的，演示应该从亮点部分开始。另一个原因是，在演讲的开头，就将你最想要表达的内容说出来，能够避免“后面没机会说”的情况。

即使因为一些突发状况，不得不缩短演示时间，我们也可以按照先讲结论、后提方案的流程来进行。

相较“起承转合”，“合承转起”的流程更有利于我们将自己产品的亮点“抛撒”出来，抓住机会插入演示过程里。

》不露声色地展示亮点

如何来体现这个关键的亮点呢？夸夸其谈并不是明智的做法，不露声色的才是高手。例如，对公司产品的效果进行说明时，用第三方的评论、评价对比表等会更有说服力，兼具客观性和视觉冲击力的宣传才能引起观众的兴趣。

我们在做软件产品的演示时，最有效的方法是使用实物模型。如果你提前准备了模型或者能发挥同等作用的素材，建议在演示开始或结束时拿出来展示。

事例介绍也是一个行之有效的方法，不仅具有客观性，而且实际发生过的事情对观众来说更有参考价值。但要切记，讲述事例不宜冗长，最好声情并茂地演示出来。

另一个有效的方法是使用对比表格。不过为了避免客观性被质疑，我们务必清晰标明出处，不要让观众感觉我们居心不良或者有什么企图。此外，还可以在表格上适度增加一些图示或者其他要素，以凸显自己想要传递的内容。

能够展示亮点的素材越多，整个演示过程就越紧凑，观众也更容易理解，演示者本人也会因为现场活跃的气氛而变得更加从容自如。

这种从容感能带来良性循环，让你的话语不再生硬，说服力也能因此得到提升（见图 2-6）。

总之，要做演示，先从查找亮点，并把这些亮点全部摆出来开始吧！

图 2-6　将多个亮点组合在一起，以获得演示的成功

划重点

通过丰富的亮点和对亮点的巧妙配置，来完成一场吸引观众的演示。

即兴发言来自平时的广泛积累

》为即兴发言准备信息储备的小匣子

我是一个不善言辞的人，因此对即兴发言很是发怵。虽然近几年我在工作中积累了不少经验，现在已经能够流畅、顺利地完成现场演示，但是每次看到那些在即兴场合侃侃而谈的人，我就不由得心生羡慕。

我会在做演示时努力口若悬河、滔滔不绝，乍一看好像口才很好，其实不然，我的内心总是充满了忐忑，担心被观众提问时手足无措，我一边努力战胜心中的不安，一边加快语速不停地讲下去。

4 年前，我受邀参加一档晨间资讯节目的演播活动。这是日本一档著名的晨间综合信息节目，节目组希望我作为评论员参加现场直播。我答应了，随后的日子简直苦不堪言。由于我之前从未看过那档节目，在开播前的一周，我每天早晨的第一件事就是把当天的节目内容录下来，然后通过观看录像来把握节目的流程和氛围。此外，近期的时事素材也要逐一确认。我也是在看了录像之后才明白，原来他们要我做的是即兴发表评论。我不能允许自己在现场出现演播事故。不管怎么说，先做足功课来增加自己信息储备的小匣子总没错，于是我仔细研究那些可能作为话题被提出的新闻，并针对每则新闻提前准备了 3 ～ 4 条评论内容。

节目当天，我进入演播室后才惊奇地发现，节目的脚本在不断地更换。当我拿到最终确定的脚本时，距离节目开播只剩下 5 分钟的时间，这个时候再准备肯定是来不及了，看来即兴发言是逃不掉了。打开我的小匣子，发现里面的素材没有一个与我所熟悉的互联网行业相关。所幸前一天晚上熬夜做的准备派上了用场，我有惊无险地完成了即兴评论发言。但主持人并没有那么好对付，有时还会继续刨根问底，我紧张得直冒冷汗，使出浑身解数，总算顺利度过了这一关。

那个时候，我深切地感受到“书到用时方恨少”的道理，我们平时真应该多准备几个小匣子，以备不时之需。

我们的大脑有着非常神奇的构造。它能把我们过去的经验和知识储存起来，形成一个数据库。当我们需要时，就可以从中检索并与实际情况进行匹配，然后将相似度最高的那个“小匣子”打开，帮助我们解决问题。

》小匣子越多，越容易成功

环顾周围我认识的那些猜谜大王，大都是一些兴趣广泛、善于搜集各方面信息的人。他们每天都在孜孜不倦地为自己制造大量的小匣子，内容丰富，形式多样，大概也正因为如此，他们才能成为猜谜大王吧。

对即兴发言深感头疼的我，近期不仅需要经常去会场参加产品演示，有时也会受邀出席一些公开讨论活动。这种公开讨论需要不断地进行现场即兴应答，此类场合我现在基本已经能轻松驾驭了。

另外，我们现在通过线上平台举办演讲活动的次数越来越多，这之中被观众接二连三提问的情况也时有发生。大概是因为比起面对面直接交流，这种在线的方式更能让人感到放松吧。面对观众的每一次提问，我都能做到对答如流，这一点连我自己都感到吃惊。

不知不觉间，我已经变成了“会即兴发言”的人。我对自己的思考过程进行了一番分析之后，发现了大脑信息处理方式的奥秘。

面对提问，大脑会在数据库中检索出一个初步的答案来应对，这个答案要看上去说得通，不能被挑出明显错误，以防止自己在众人面前出丑。在这个步骤里，速度比精确度更重要。我们无论如何都要先准备好“答案 1”。

有了初步的答案之后，心里的压力会稍微减轻一点。这时我们就可以利用剩余的时间在大脑数据库中进一步检索，寻找更好的答案，用它来替换“答案 1”。

找到最佳答案之后，下一个重要环节是考虑用什么方式能将答案内容更好地表述出来，使之成为一条精彩绝伦、一针见血的评论。我们只有平时不断积累自己的小匣子，即兴发言时才会更加游刃有余（见图 2–7）。

我常常把这个小匣子称为“零件”或者“子程序”，就像乐高积木一样。通过对现有“零件”进行排列组合，就可以拼出各种各样的形状，这是一种非常有效的做法。当然，拥有较多的小匣子不仅可以帮助我们应对即兴发言，而且对个人演示、演讲水平的提升也大有裨益，这一点无须赘述。为了充实自己的小匣子，我们平时要保持对各行各业的关注，增强自己的信息敏锐感。多看报纸、杂志、网络新闻，多听他人的演讲，不管哪种类型的信息，只要你觉得可能用得上，都要及时存储下来。

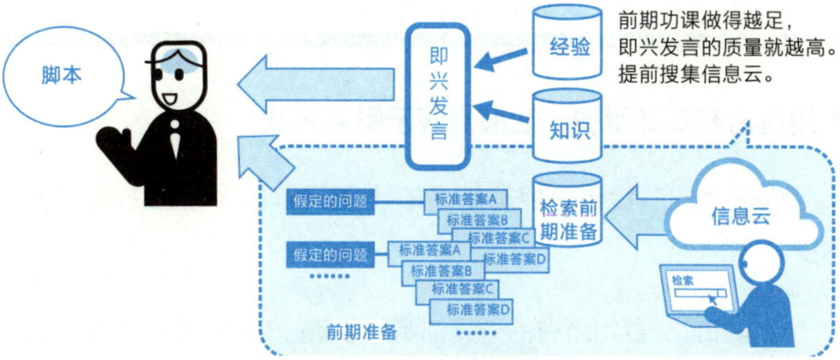

图 2-7　掌握即兴发言要领的秘诀

10 多年前，人们遇到自己感兴趣的内容时，只能把它剪切下来以纸张的形式保存。而现在，我们可以把电子数据保存在计算机里，真的是非常方便，而且检索时也能很快找到。

我坚信打造一个在演示中不服输的自己，最合理、最有效的办法就是增加自己的小匣子的数量。

划重点

日常注意积累小匣子，
演示时才能变得更轻松。

熟练使用
智力游戏和视频填补空白

» 用智力游戏做引子，让报告演示引人入胜

我在上一节提到，拥有较多的小匣子就能为自己的演示加分不少。

话虽如此，要给所有的选题都事先准备好充足的素材，这恐怕是难以做到的吧。单靠“持球”所能传递的信息也是有限的，有时你可能会因余下的时间无事可做而苦恼。

如果遇到那样的情况，可以试试智力游戏和视频。

智力游戏这个东西，一般理工科的人会比较喜欢。其实，企业里那些位高权重的大人物也有类似倾向。以企业经营者为对象进行演示时，我一般都会跟他们玩智力游戏，每次大家都高度配合，互动气氛非常好。大概是因为智力游戏能够迎合他们的自尊心，证明他们理解能力强吧。

在演示时使用智力游戏有什么好处呢？

最重要的一点是，玩智力游戏有加深理解的效果，游戏体验很容易使观众产生代入感，创造出身临其境的效果，在他们大脑中留下深刻的印象（见图 2–8）。

图 2-8　演示和智力游戏有着出乎意料的匹配效果

我在进行演示、演讲时，也时常用智力游戏来导入正题，台下的观众对此都表现出强烈的兴趣。这样做收到了很好的效果，演示作为游戏的延伸部分，自然地进入正题（产品的功能说明之类）时，观众也依然能保持较高的专注力，认真倾听。

有人可能会说“我实在不会出智力游戏啊”，该怎么办呢？不用担心，在进行演示时，每个人都有自己最终想要传递出去的信息，只要以这个信息为答案来设计智力游戏就好了。甚至，直接照着答案来提问也是可以的，这是最简单的做法。有时，稍微偏离主题的智力游戏也能吸引观众的注意力。

比如，我有时会在演示、演讲的开头和中途，使用一些容易让人眼睛产生错觉的图形，来给观众做智力游戏。游戏之后，我告诉他们：

任何事情，想要看穿它的本质都是困难的。人们往往认为，网络搜索引擎是一个厉害的东西，能让每个人公平地进行检索。但其实这只是错觉而已，你搜集到的信息往往带有很强的片面性，这被称为过滤气泡现象。

我们一般都觉得视觉上获取到的信息是真实的，不具有欺骗性，因为没有加过滤器。但是在刚才的智力游戏中，大家也看到了，视觉信息也是可以朝着对自己有利的方向去理解的。同样，今天我跟各位说到的 ×××，我们也要摆脱先入为主的观念，看清本质，这一点至关重要。

到了这一步，就可以顺理成章地将智力游戏与当天的演示、演讲主题结合起来了。

除了上面提到的这些，在演示中插入智力游戏还有其他优点。比如，观众的反应能够真实地传递到演讲者眼中，因此能让演讲者感到安心。此外，智力游戏作为一个应急技巧也是非常有效的，可以成为弥补素材不足的有力武器。

》播放视频，让自己变得轻松

基于同样的原因，视频也能成为演示中取胜的武器。

在视频普及之前，我一般都是通过模拟产品制作出的模型来进行展示，以达到与视频同等的效果。即便现在，用模型给观众做展示，说服力仍然是最强的。

过去，如果遇到出差等情况，无法随身携带产品，就只能放弃制作模型的想法了。而现在，视频完全可以代替模型为我们所用（请务必注意是否涉及侵权问题）。

视频和智力游戏一样，可以发挥出引人入胜、争取时间、增强说服力等多种效果。比如，对不善言辞的人来说，将解说的工作移交给口才比自己好的同事（即视频里说话的人）去做便是一个显而易见的优点。

此外，播放视频也可以为自己争取一些时间。在这个过程中，我们可以环视会场，看看观众的反应如何，也可以确认一下剩余时间，对后面的演示节奏做出调整，重新分配各部分所用的时间（见图 2-9）。

图 2-9　视频可以代替模型为我们所用

智力游戏和视频虽好，却不能滥用，否则会过犹不及。为什么这样说呢？因为观众的注意力，不仅仅在方案内容上，他们还会仔细观察演讲者的言行，以确定他是不是一个可以信任的商业合作伙伴。**智力游戏及视频等远距离武器，只在关键处使用一二即可，最终还是要靠演讲者自身的说服力来取胜。**

划重点

遇到困难时，智力游戏和视频能助你一臂之力。

要有全景意识，不能让观众一头雾水

》先对整体进行说明，再向观众进行分解

客户在挑选产品和服务时，会产生一定的心理负担。在经过一系列的比较之后做出最终选择时，他们内心的压力也一定不小。

从这个意义来说，演示于观众而言，也是一个真刀真枪的战场。如果在开始部分，演示者未能勾勒出一个全景图，观众看到一半时就多半会放弃对该演示内容的理解，结果自然可想而知。

以登山为例，即使是同一座山，天气晴朗、能看到山顶时去攀登，与天气阴霾、看不清山顶时去攀登，我们的身体和心灵对疲劳的感受是不一样的。

如果看不见目标，就不知该如何把握节奏，很可能自己内心先打了退堂鼓；反之，如果能清晰地看到目标，就很容易鼓足精神，奋力攀登。

同样的情况也会发生在演示会场。有的人为了制造惊喜感，便不把全景展示给观众，而是将信息一点一点透露出来，但其实这样做很容易适得其反。

在演示中，要得出理想的结论，需要观众理解你所讲的内容，而且一定要打动他们的心。正确认知和感动，两者缺一不可。

为了做到这一点，先要让观众明白，你们公司销售的产品或服务，是在客户可熟练使用的范围之内的。

此外，如果告诉对方，产品或服务还有额外功能（可选项），演示的效果会更好。此时，若能让客户产生“方便得超乎想象”“比预想的还要快”“这种细微之处都考虑得如此周到”之类的反应，就说明这场演示是成功的。

我的做法是先对整体内容进行说明，然后用“接下来我要讲的，是整体中的这一部分”的方式来给客户分步演示，这样做可以消除他们的不安。

做演示的过程很像玩拼图游戏。如果刚开始时，对拼完后的图形大小、形状有一个整体印象，之后就能以填空的感觉，把每一片拼图放进相应的位置。

演示会场的观众也是一样，当他们了解到“自己目前所在的位置”之后，才能放心地一直听下去。

同样的演示内容，在开始时是否将全景展示给观众，其说服力有着天壤之别。

顺便说一句，从整体入手对各个部分进行说明的做法，要以演示者本人在一定程度上理解所讲的内容为前提。

反过来，对观众而言，看一场体系完整的演示，意味着他们在心里将演示者看作值得信赖的对象，他们自然会紧紧跟随演示者的节奏，全神贯注地听下去（见图 2-10）。

图 2-10 一定要告诉对方“我们现在在哪里，目标是什么”

划重点

先把全景展示给观众，让他们放心。

即使暂时偏离主题，也不能让观众掉队

》对观众可能会产生疑惑的内容，提前做出预判

我们在听人讲话时，总是试图一边理解对方讲述的内容，一边按照自己的价值观进行整理，然后把整理后的内容存放在我们的大脑中。

可是，当大脑中冒出问号，不知该如何存放时，我们就会深陷其中，再也听不进去后面的内容，无论对方讲什么，我们都已经完全失去了兴趣，进入了“左耳进右耳出”的状态。

相似的情景在学校里也能看到，孩子跟不上老师的讲课内容时，也会产生相同的反应。

擅长交流的人，在讲话时会充分考虑到听众的理解机制。例如，在一场演示中，演示者为了获得成功，提出了一个颠覆传统认知的新切入点。这种情况下，要想稳操胜券，演示者一般都会事先预测出观众可能会提出疑问的地方，然后把自己代入观众的角色自问自答，并在此基础上继续展开话题。

掌握了这一绝技，就能跟竞争对手拉开差距。因为，几乎很少有人能做出贴近客户心理的演示。

下面我要讲一个有趣的故事。

我以前在IBM公司工作时，围绕着应该如何做演示这一问题，曾与上司发生过激烈争论。上司认为："我们是这方面的专业人士，绝不能让对方小看。一定要用艰深晦涩的话把他们唬住，这样客户才会觉得我们很厉害，对我们产生敬意。这是成功的关键，懂了吗？"

我不同意这种说法，但我们两人一直没能说服对方。我不同意的原因是，在我看来，演示的目的并不是让对方觉得我们很厉害，而是让对方理解我们所讲的内容，只有这样才能成功签约。

如前任上司所说的情况，客户会觉得"这方面我不是很懂，但那个演示者看起来非常专业、非常厉害，所以我还是相信他吧，就选他们家了"。靠这种方式在演示中获胜的例子，大概是有的。

然而，当客户发现交付的产品或服务并不理想时，就会对当时的演示者感到失望："我上了他的当。"这样一来，你将永远失去这个客户。

未经理解就做出的选择，甚至可能给客户留下心理阴影。

我在前面提到过，演示时最重要的是让客户真正理解你所讲的内容，打动他们的心。因此，对于那些较难理解的以及新颖的东西，一定要用通俗易懂的语言进行说明，然后对观众可能产生疑问的地方进一步做出讲解。这才是善解人意、值得推荐的讲话方式。

越想要贴近客户，讲话的内容看起来可能就越偏离主题。但是，与追求流程的完美相比，不抛弃客户的做法，能让对方切实感受到你的真诚。

所以，在做演示时，演示者的语速一定要与观众理解、接受的速度合拍，请务必牢记这一点（见图 2-11）。

图 2-11　做一场贴近观众的演示

视觉冲击力是吸引观众的法宝

》试着做两次自我介绍，给观众制造惊喜

在演讲时做两次自我介绍是我惯用的一个方法（见图 2-12）。

图 2-12 做两次自我介绍

第一次是在演讲刚开始时，先做一个简单的自我介绍，目的是告诉观众“在你面前讲话的是什么人”。

当演讲进入关键部分，现场氛围渐入高潮时，再加入一次自我介绍。这一次需将个人经历娓娓道来，目的是告诉观众，在以往所经历的事情中，自己都发挥了哪些作用，这样能给观众留下更加深刻的印象。

从理论上来说，以上做法似有结构不合理之嫌，但如果从重视冲击力的视角来看，却是值得提倡的。当然，也有完全相反的做法，即开始时不做任何自我介绍，直接开门见山地进行主题演示，随后才向观众揭秘自己的身份。

不管用哪种方法，最重要的是吸引观众的注意力。

》报告演示的90%靠的是冲击力

假设你手里有一个素材，虽然内容略显唐突，但有很强的冲击力，你非常想把它加入自己的演示中。但是，从整个演示结构来看，你却找不到合适的地方可以加进去，这时你一定会感到烦恼吧。

遇到这种情况，你可能会百般纠结：这个素材是介绍相关背景的，把它放在最开始的部分吧；这个素材插到哪儿都不合适，要不然就放到最后，作为补充吧。

其实，你大可不必考虑得这么严谨，只需将冲击力作为首要考虑因素就可以决定素材的插入位置。毕竟，只有打动了观众的心，才能达到签约的目的。

在给上司做模拟演示征求其意见时，请务必注意这一点。为了增强视觉冲击效果而临时加入的素材，若是被理性刻板的上司看到了，他一定会要求你改变素材的位置。

如果你担心上司反对，可以在模拟演示时先不要给上司看这些素材，等正式演示的时候再偷偷加进去（见图 2–13）。

图 2-13　临时加入的素材的不同使用场景

划重点

符合观众兴趣的演示流程和重视冲击力的演示结构，应作为我们优先考虑的因素。

胜负就在
最初 5 分钟和最后 1 分钟

》从结果来看，死记硬背的做法更好

做演示的时候，有的人提前将全部内容背下来，而有的人只背下了重点内容，然后演示时再临场发挥、适时做出补充。你属于哪种类型呢?

如果这场演示是带有选拔性质的，需要在短时间内表现出自己的优势，那么死记硬背的做法可能更好，能让你胸有成竹。反过来，如果要登台做一场长时间的演示，那就应该提前准备好一个发言提纲，把要传递的信息要点和关键词写下来，在现场演示时根据情况，边看提纲边发言。

想象一下婚礼的场面吧，如果你受邀作来宾致辞，或者以朋友的身份上台发言，是不是与演示的情况非常相似呢？以我的经验来看，大多数人都是先记住发言要点，到时再临场发挥。不过也有人提前准备好讲稿，发言过程中时不时瞥一眼。

这两种做法并没有正确和错误之分。不过我们都知道，演示要想取得成功，打动观众的心非常重要，从这一点考虑的话，孰是孰非，答案也就不言而喻了。如果你不允许自己失败，那么我建议先将发言内容背下来。

可能有人会说，死记硬背不就变成照本宣科了吗？其实恰恰相反。如果只是死记硬背，当然与照本宣科无异。所以，我们需要提前进行反复地练习，一直练习到能自然流利地将所有内容说出来为止。在这个过程中，那些词汇、句子会逐渐渗透到你的身体里，让演示的说服力突飞猛进（见图 2-14）。

图 2-14 为什么要死记硬背

》最初5分钟决定整个报告演示的印象

那么，背诵时间多长为宜呢？这是我接下来要说的。

按照我的经验，不超过 25 分钟的内容经过多次练习后是完全可以背下来的。如果发言时间只有 10 分钟，那就不要怕麻烦，将全部内容背下来，定能稳操胜券。比如 5 分钟的演示，一般只需朗读 10 遍左右基本就可以背下来了。因此，提前一天准备也完全来得及。

那么，如果演示时间超过 25 分钟，应该怎么做呢？

在迄今我参加过的商务演示中，有不少都是短则 30 分钟，长则 1 小时的“修罗场”。超过 30 分钟的内容，死记硬背是不太现实的。我会把最初的 5 分钟开场白和最后的 1 分钟结束语完全背诵下来，中间的部分只需将重要信息和关键词好好把握住就可以了。如能将最初的 5 分钟内容烂熟于心，能流利地讲出口，一般就能顺势将后面的话继续说下去。

观众往往也是根据最初的 5 分钟印象来做出筛选。“这个人讲得很有趣！”“这个内容看来对我们很有帮助！”如果刚开始不能给观众留下好印象，后面的内容无论多么精彩也无济于事，观众会全部当作耳旁风，甚至打起瞌睡。

因此，除非你是一个特别擅长发言的人，否则请务必背熟最初 5 分钟的发言内容，将所有的语句牢牢刻进你的大脑和身体里。在此基础上，还可以使用抑扬顿挫的语调、丰富的表情、生动的肢体语言等，想方设法去打动观众的心。

》最后1分钟是报告演示的重头戏

最后 1 分钟是至关重要的。结局好，全局才好。一定要用扣人心弦的语句来为自己的演示画上一个完美的句号。下面是我的亲身经历。

以前，电视上播出过一档很受欢迎的节目：小学生班级对抗，30 人 31 足。具体的做法是，30 人一组，按照两人三足的方式用绳子把脚绑在一起，然后进行 50 米的跑步比赛，用时最短的组获胜。其中有一个女孩，此前个人短跑纪录从未突破 10 秒，但她在本次 30 人的集体跑步中，居然取得了 9 秒多的好成绩，当时很多人看到这一幕都大为震撼，不由得发出感慨："和同伴在一起，能超越极限。"

在一次产品演示活动中，我以上述电视节目为例，跟观众讲述"超越极限"的意义。在结尾部分，我说："今天光临会场的各位朋友们，主办本次大会的商业伙伴们，还有我，让我们携起手来，以三人四足的合作精神，努力去创造一个无限美好、超越极限的社会吧！"这段热情洋溢的结束语，成为我顺利签约的关键。

划重点

如果发言内容太多而无法全部记住，
就把重点放在开头和结尾部分。

务必将后续计划和安排与观众共享

» 提前安排的预约拜访是通往成功的桥梁

我们在努力推销自己的产品和服务的同时，也有过很多次被别人推销的经历。因此，我总能感受到一些成功的销售和失败的销售之间的差距。

我在互联网领域长期扮演“推销”的角色，不过以前在市场部工作的时候，我也经历过“被推销”的事情。

当时，我担任某互联网安全公司的首席信息官，作为零部件采购工作的负责人，必须严格把控商品的购入价格。

以我的经验来看，那些签单率高的销售人员，几乎无一例外都会在当天谈话结束后，告诉我他们下一步的计划和安排，并与我确认下一次的会面。

他们会说：“这样吧，下次我带着 ×× 部门的负责人一同前来，解答您提出的 ×× 疑问，您看可以吗？”这样的预约拜访于他们而言是不可或缺的环节。

有一些更加精明厉害的销售还会跟我共享他们未来的日程，以拉近彼此的距离。在签约日期来临之前，一边想方设法增强我方与他们的合作意识，一边运用营销话术展开交谈。

当然，这样做的前提是要征得客户的同意，不然只会适得其反。他们一般会运用如下一些套话来巧妙地诱导客户：

“我们就按照这个程序来继续推进，您看可以吗？”

“我们计划在 ×× 之际，对是否引入产品进行初步评估，您这边没有意见吧？”

我负责研发和销售的是软件之类的产品，在通过电子商务进行交易的情况下，关键人物所承受的心理负担远远超出我们的想象。

选择哪家公司的产品、选择哪个机型、何时购入等，他们需要对这些繁杂的要素进行逐一整理，并向公司上层进行汇报说明。

购买的产品越昂贵，公司内部的审批流程就越复杂，有时可能遭遇不同部门的反对，压力还是很大的。

正是因为预料到上述困难的存在，关键人物往往会在无意识间，形成一种不看未来计划的倾向。

如果我们反其道而行之，把关键人物不经意间发现的种种难题，按照顺序进行整理，在解决思路和方法上给出建议，反而会得到他的感激。这样一来，我们就比其他的竞争对手领先了一步。

要做到这一点，必须抛弃利己主义思想，制订一个合理的计划，不要让客户感到为难。从微观的角度，共享下一步的计划和安排；从宏观的角度，共享双方此刻在签约之路上所处的位置，这样做能赢得关键人物的信任（见图 2–15）。

- 温习当天商谈的成果：哪些内容得到对方认可，哪些内容达成一致。
- 确认下一次会面。
- 确认下一次会面要商谈的内容。
- 确认下一次会面前双方要做的准备工作。
- 确认今后的计划和安排。

……

- 抛弃利己主义思想，在得到客户认可的基础上发挥主导作用。
- 要让客户看到具体的安排，令他放心，然后进行引导。

图 2-15　制订合理的计划，赢得关键人物的信任

划重点

发挥主导作用，帮客户做出计划安排。

第3章

资料制作法一（总论）

演示用和分发用的资料制作方法完全不同

》能为客户省去多少麻烦，才是资料制作的重点

制作演示资料是一件费时费力的事情。然而，我们辛辛苦苦做出来的资料，很难说究竟有多少对客户是真正有用的。徒劳无益的情况并不少见。

从工作效率的角度考虑，我们当然希望尽可能少做无用功，将时间和精力集中到与订单相关的事情上。这种心情可以理解，但它有时却可能成为我们错失良机的原因。

在第 2 章的演示法里我提到过，为了提高再利用率而进行精细化处理，尽可能多准备“小匣子”，这些对制作资料也很有帮助。关于产品、服务的功能介绍，以及关于自己公司的介绍，这些内容都要做精细化处理。

我们在制作资料的时候最重要的一点是紧密贴近客户，原因有两点。

第一，体现出自己与竞争对手的差异。这一点在前文已经多次提到。客户更愿意与善解人意、真诚为自己考虑的公司合作。

第二，为客户省去很多麻烦。举个例子，如果我们站在客户的立场来制作资料，客户就可以直接将那些内容复制、粘贴到他们公司的内部资料里。正如我们想提高销售效率一样，客户的心情也是一样

的，他们也希望花费最少的时间和精力。因此，那些能帮助客户省去制作报告麻烦的资料，是他们最需要的。

我在第 1 章提到，我们的销售活动既要使客户所在的公司受益，同时也要使关键人物个人受益，能满足双方的利益是最好的。而省去制作资料的麻烦，是一件对关键人物非常有利的事情。因此，我们要尽量为客户提供容易重复利用的资料，帮他们节省时间和精力，让他们满意。

》演示用和分发用的资料，内容要有所区分

面向客户的资料一般分为两类，一类是做现场演示用的，另一类是分发到客户手里的。这两类资料在用途上要进行明确的区分。

10 多年前，这两类资料并没有什么区别。一般我们都是先把分发用的资料制作好，然后直接按照资料内容向客户进行说明。但是近年来，专门设立演示会场，由各家公司派代表上台演讲进行竞争已经成为常态。各公司的演讲者在规定时间内，利用投影设备，一边演示一边讲解。而分发用的资料，反而退居次要位置了。

如果只考虑销售效果，很多人会选择将精力投入到演示资料本身，再以文字的形式将资料打印出来分发给客户。但这样做对签约没有任何帮助。

这也是本书的关注点之一，在彻底的合理部分与彻底的不合理部分之间做到张弛有度，乃是胜负成败的关键。以彻底的合理化为目标，而在服务的细节部分则需要尽力做到彻底的不合理，这才是万无一失的工作方法。

为了让客户的工作达到合理化，即使有一些不合理之处，我们也

只能接受。一定要认认真真地准备资料，特别是那些能够贴近客户的部分，我们更应该多花点儿心思。演示用和分发用的资料不要混为一谈，这是我的建议。

》演示资料用来说服客户，分发资料用来让客户信服

演示资料是演示时使用的辅助文字材料，它不是用来仔细阅读的，而是为粗略浏览准备的，观众只需将目光停留 2～3 秒，就能了解到关键的信息。而分发到客户手里的资料则不同，客户不需要当场阅览，在演示结束后，客户可以拿回去仔细地阅读，以便加深理解（见图 3-1）。

演示资料	分发资料
当场将信息传递完毕	要考虑以后阅读的便利性
可以用语言进行补充	无须他人讲解，自己完全看得懂
字体较大，远距离也能看清楚	每一页的内容都要完整而简洁
传递要点是关键	消除疑问，让客户信服是关键
追求视觉效果	可将补充资料列在后面

图 3-1　演示资料和分发资料的差异

分发资料应是演示资料的有益补充，对演示中未详细阐述的部分进行细致的说明，让客户看得更加明白。我们一定要在分发资料的制作上多下功夫，以方便客户对其加工再利用。

划重点

演示资料的重点是说服客户，
而分发资料的重点是让客户信服和便于客户再利用。

要将内容压缩到一页一条信息

》演示用和分发用的资料，所使用的环境完全不同

现在，越来越多的人已经习惯使用幻灯片进行演示，但依然有不少人将演示资料看作分发资料的延伸，带着这种错误的印象来制作演示资料。

其实冷静地想一想，从使用的主要应用程序来看，我们就知道这两类资料是完全不同的。分发资料一般使用 Word 之类的文字处理软件来制作，也就是说，文字是资料的主体。当然，我们也可以通过 Excel 插入表格或者图表，但整体的着眼点仍是文字性说明。而演示资料则不同，我们大多使用 PowerPoint 之类的演示文稿制作软件来制作，描绘图形，调整页面布局，然后将文字作为补充内容添加进去。也就是说，图比文更加重要。

仅此一点，我们就可以看出两者之间的巨大差异，不过根本性的差异并非只此一点。两者的不同之处还在于，演示资料是一种动态的展示。在 PowerPoint 里打开幻灯片，如果使用自动放映功能，我们就可以按照设定的方式让一张张幻灯片动起来，达到吸引眼球的效果。不仅如此，我们还可以在幻灯片中插入视频来播放。

此外，客户浏览这两类资料所花费的时间长短也是不一样的。分发资料大多是 A4 大小的打印纸，将其放在 30 厘米之外的位置，客

户只要有时间就可以仔细阅读。而演示资料需要看完之后当场做出定夺，因此在观看的过程中必须保持注意力高度集中，不能有任何的遗漏。而且，观众坐在数米远之外，通过投影设备，紧跟演示者的节奏观看被放大后的资料，根本来不及仔细琢磨里面的具体内容。

正是因为存在上述差异，我们在制作演示资料和分发资料时，需要考虑的点也大不相同。接下来，我们一起看看制作演示资料有哪些注意事项。

》让演示资料简洁明了，一页最多传递一条信息

如前所述，演示资料是供若干人集中观看的，因此，资料的上下翻页与演示者讲话的节奏必须是一致的。就算观众想要凝神观看、仔细琢磨其中的内容，也不得不跟随演示者的节奏继续往下走。如果有人稍微慢了一拍，后面就很难再跟上节奏，自然也无法对演示内容表示赞同。

由此可见，我们在制作演示资料时要尽量避免烦琐，只有这样才能让观众紧紧跟随自己的脚步，并将注意力集中在自己的讲话内容上。

然而，现实中有太多人做不到这一点。更有甚者，把一些无法用语言讲清楚的内容放进演示资料里，然后跟观众说："大家看幻灯片，自己理解吧。"

演示资料归根结底只是起到一种辅助作用，演示者只是通过将自己所讲的内容进行视觉化展示，来加深观众的理解而已（见图 3-2）。

图 3-2　制作演示资料的注意事项（一）

因此，**演示资料应尽可能简洁明了，必须严格遵循一页最多传递一条信息的原则。**

说得再夸张一点，我们要做到即使没有演示资料，也能顺利完成演示工作。

只要将资料内容控制在一页一条信息，演示者轻瞥一眼，就能想起具体要讲什么内容。

演示资料里的每一个页面，都相当于抽屉里的一个零件，演示者看到它们，就好像看到了目录——提示自己具体要讲什么内容。

记住这一点，我们就能圆满完成演示任务。

》演示背景模板与字体要保持统一

关于增加小匣子这件事的重要性，我在第 2 章已经强调过了，其实在演示资料的制作上也是如此。

但凡事过犹不及，从小匣子里收集的素材过多，反而会出现事倍功半的效果。因为素材过多的话，资料的各页之间就难以保持统一性。缺乏统一美感的资料，即使内容再好，说服力也会大打折扣。

很多新手在最开始制作演示资料时，都喜欢将内容直接从网上复制、粘贴过来，这样也会影响到整体的统一性。

要想营造出一种统一的美感，必须使用统一的模板来作为背景，这是最低要求。此外，资料中的字体也应该保持一致，尽管这么做会比较费事。

然而遗憾的是，从我的经验来看，能充分考虑到资料中各页字体的统一问题并切实做到的人，连 5% 都不到。不过，也正因为这样，如果我们在资料中体现出统一的美感，就能在精致度这一块将竞争对手甩出好几条街。

统一字体并不需要一个一个地去调整文本框，有更加简便的办法——使用快捷键。例如，在 PowerPoint 中，按下“Ctrl+A”快捷键全部选定文本框之后再修改字体，就可以进行整体的更改（见图 3-3）。

提前确定好自己常规使用的字体也是一个不错的做法。当然，有时我们可能出于强调的目的，需要对字体进行调整，因此没有必要强行追求所有字体的统一。

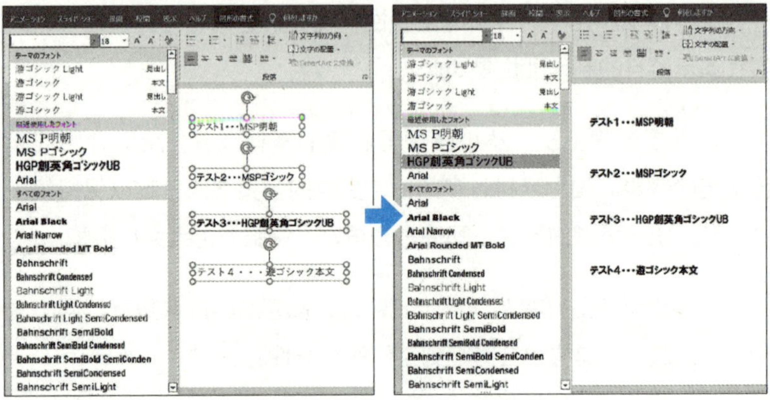

- Ctrl + A 快捷键全部选定。
- 一次性完成整个页面字体的设置和修改。

图 3-3 制作演示资料的注意事项（二）

》演示资料的色彩，不宜超过4种

接下来要说的是色彩统一问题，这与个人的爱好、品位有很大关系，因此没有必要做出严格的规定。但有一点需要注意，色彩的数量以少为宜。

用色彩来凸显资料中的内容，观众自然能理解其重要性，"这里就是他要强调的重点吧""这里就是需要注意的事项吧"，恰当地运用色彩，可以提高说服力。特别是像演示资料这种需要在短时间内快速翻页的资料，我们希望能充分利用色彩来增强演示效果。

演示资料中使用的色彩，我建议不要超过 4 种。

以我本人为例，我一般会用黑色和蓝色这 2 种基本色。只用一种颜色显得过于单调，可以将标题和正文分别设置为不同的颜色，或者整体设置为黑色，需要强调的部分改用蓝色，以示区分。

然后，对于想重点强调的文字或者用否定来加强语气时，可以选择红色。相反，用肯定来加强语气时，可以选择绿色。在黑色和蓝色为基本色的页面上，绿色的文字不太容易引人注目，因此，我们可以有意识地将其与表示否定的红色形成对比来加以运用。

上面的操作方法中用到了 4 种颜色，这些基本上就够了。

以上是我总结的有关色彩使用的基本原则，当然，它并不是所谓的标准答案，每个人都可以形成自己个性化的色彩使用策略。

划重点

演示资料要做得尽可能简洁明了，让观众一目了然。

在微妙的色彩搭配上下功夫

》使用同色系演示，锦上添花

在本节，我将继续与你分享制作演示资料的注意事项。

我们在上一节提到，演示资料中使用的色彩不宜超过 4 种。话虽如此，有时我们也会设置出微妙的色彩搭配。特别是插入图片时，为了保持色彩的统一，必须坚持使用同一色系，相同的色彩能起到锦上添花的作用。

在 PowerPoint 中插入文本框时，点击“格式”，下拉菜单中会显示“形状填充”功能，我们从中选择自己需要的色彩即可。

我们可以提前对形状填充功能中的其他填充颜色进行设置，以保证它在任何时候都能正常使用。我们可以从很多调色盘网页中找到各种色彩，这样一来，我们就可以非常方便地进行细微色调的搭配，而且还能通过代码找到相应的颜色。在超文本标记语言（HTML）等其他软件上使用同一色系时，也可以用这个方法，真的非常方便。

在 PowerPoint 里，还有一个更方便的“取色器”功能可以使用。如果你手头有一份带色彩的图像资料，将鼠标移到图像中指定的颜色上，然后点击鼠标，就可以进行取色。例如，当你从其他地方保存下来的图像中含有不需要的文字时，就可以使用这种取色器功能，吸取文字附近的颜色，还可以用吸取的颜色来去除文字。这个功能非常方便（见图 3-4）。

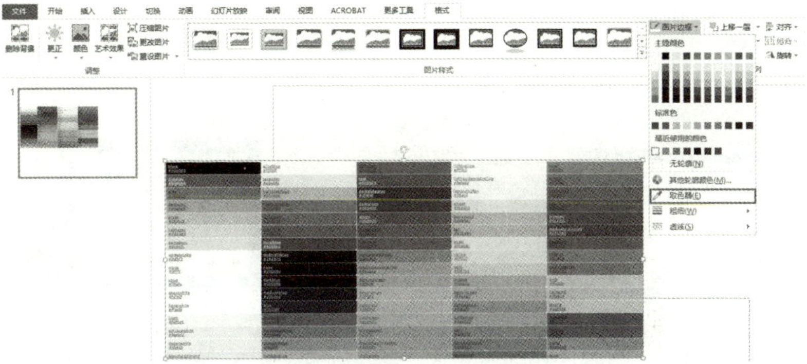

- 将调色盘网页放进收藏夹，就能随时选择各种不同的色彩，非常方便！
- 打开PowerPoint，使用格式中“形状填充”的“取色器”功能，就能直接从图像上获取想要的色彩，非常方便！

图 3-4　制作演示资料的注意事项（三）

》将数据转换为图表，用特写的图像展示重点

有人喜欢在演示资料中插入详细的表格，我一般不建议这么做，除非表格内容简洁明了。

用 Excel 辛辛苦苦做好表格之后，很多人喜欢把它展示给别人看。在这种炫耀心理的驱使下，他们会直接将表格复制粘贴到 PowerPoint 里，此类情形司空见惯。

然而，对于坐在数米之外的客户而言，看清楚屏幕上表格里的具体内容，是一件特别困难的事情。因此，演示资料中的数据应该进行图表化处理之后再呈现给观众。

另外，太详细的图表同样会给观众造成视觉负担。我建议使用动画功能对图表中想要强调的部分提前准备一个特写的图像，播放幻灯片的过程中，点击放大显示，就可以将内容直观清晰地展现在观众面前（见图 3–5）。

图 3–5　制作演示资料的注意事项（四）

》用名词或名词性短语表达内容

演示资料的主体绝非详细的文字信息，文字归根结底只是为演示起辅助作用的资料而已，对这一点我们要有充分的认识，并时刻提醒自己，制作资料时，务必使用简洁明了的表达方式。

如果文字内容过多，就会造成视觉负担。因此，文字表达应尽可能简短，这一点极其重要。我们在制作资料时，应避免使用较长的句子，而代之以名词或名词性短语。也就是说，**不要写成“……是……”，将其改为名词性短语来表达，会更加简洁。**例如，“安装是非常简单的”最好改成“易于安装”这样的名词性短语结构。

》运用动画，将注意力吸引到亮点上

演示资料注重观看的便利性，因此应该尽量压缩每一页所承载的信息量。然而，我们在做演示时，总是忍不住想要向观众传递更多的内容，在这种心理的驱使下，就会不由自主地将大量信息塞进资料里。

可是，这样做会给观众带来困扰，使他们分不清究竟哪里是重点。动画功能可以完美解决这一问题。我们不必从一开始就将所有文字都显示在页面上，当演示者讲到某个地方时，使用动画功能让对应的文字显示出来即可，这样一来，观众就可以不受其他多余文字的干扰，专心致志地听取演示者的讲解。

最后，在演示的结尾部分将整体内容展示出来就可以了。合理使用动画功能，会让我们的演示效果更加出众，不要犹豫，一起行动起来吧。

》提前设定好跳页按钮，做好时间不够用的准备

经验不足的人，往往很难在规定时间内恰到好处地完成演示内容。前半部分讲得过于详细，到了后半部分会由于时间不够用而不得不加快语速，或者寥寥数语简单带过，类似的情况并不少见（见图 3-6）。

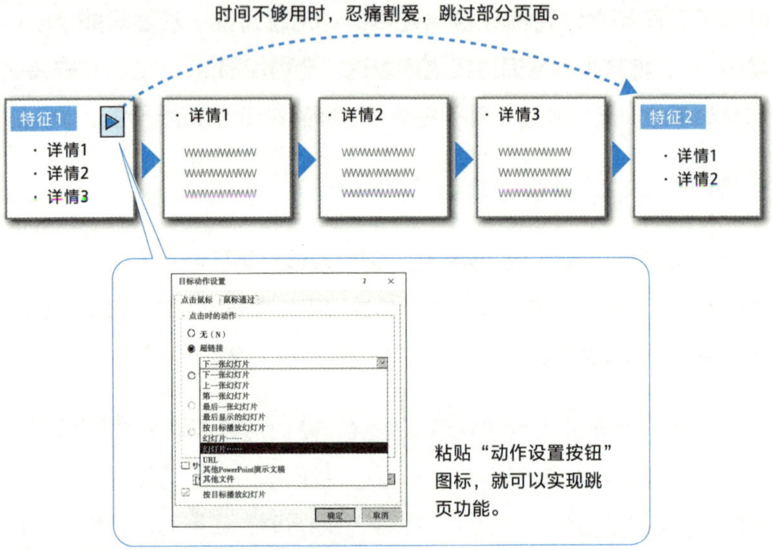

图 3-6　制作演示资料的注意事项（五）

很多人在做演示时，只是一门心思地想要把准备好的内容全部讲完，于是喋喋不休地说个不停，却忘记了演示的最大目的是说服对方。有时会出现客户突然提问，演示被打断而导致时间不够用的情况。而且，如果上一场演示拖延了时间，没有按时结束，自己这一场的演示时间自然也会被压缩。

资料的哪些页面可以跳过不讲，我们应提前做出取舍，作为防备时间不够用的应急方案。在 PowerPoint 的幻灯片放映菜单中设有跳页按钮，可以将其放置在演示资料中对应页面的 4 个隐蔽角落。演示过程中，当你感觉时间不够用时，点击这个按钮，就可以跳过某些页面。

在客户面前连续翻页的做法确实不太好，容易让演示者本人感到尴尬，而且会打断客户的注意力。因此，如果你在演示过程中预测到时间不够用，就大胆地按下这个跳页按钮吧，这样做既不易被客户察觉到，又能保证演示流程的完整性，丝毫不会影响说服力。

划重点

PowerPoint里搭载了可以实现色彩设置、图像放大、跳页等效果的功能。

使用能帮你形成体系化结构的工具制作资料

》越是重要的资料，越要注重目录的层次

制作资料时，有的人是根据自己大脑的思路来完成的，想一步写一步；而有的人则会优先考虑好整体结构，或者在做完目录之后，才开始撰写各个部分的内容，他们觉得这样操作更容易。

理工科出身的人大多喜欢且擅长建立体系，在制作资料时更倾向于先考虑整体结构。如果是以说服客户为目的的重要资料，就应该去掉那些空洞的内容，结构严谨、逻辑清晰才是关键，因此我建议先考虑整体框架之后再开始制作。

先考虑整体框架才能总揽全局，对资料的整体容量有一定的把握，这样有助于保证资料整体的平衡。比如，有的人在制作资料时，对自己感兴趣的部分长篇大论，而其余部分则过于简短，甚至匆匆带过。先考虑整体框架的做法，能够有效避免这种失衡情况的产生。构筑完整体框架之后，就没有必要按照大脑中思考的顺序来做了，可以先从重要的部分或者容易完成的部分入手，这样做有助于提升资料的整体质量。

接下来，我想给大家推荐的是思维导图软件。

思维导图最初是作为归纳思维的一种工具来使用的。人们将自己

脑海中想到的词语写在纸上，同时用不同的层级图将它们之间的关系表现出来。现如今，通过计算机和智能手机，人们可以更加轻松地完成思维导图的制作。

使用计算机的优势在于，写错了也不必用橡皮擦掉，而且不必考虑各个层级之间的设置问题，因为计算机可以随意更改布局，有很高的自由度。

现在，电脑上的专用程序逐渐代替了传统的纸和笔，成为制作思维导图的主流。而且，有的应用程序是可以免费使用的，我们焉有不用之理。

思维导图软件就是这样的应用程序，人们将头脑中想到的词语或者项目名称写在一张张小小的“便笺纸”上，然后将其贴到一张大大的“白纸”上。这样我们就可以把大脑中闪现的灵感记录下来。

之所以这么做，是因为我们绞尽脑汁想出来的那些关键词，刚开始很难形成一个完整的体系，不知应该放在主干部分还是枝叶部分。使用思维导图软件就不会产生这种思想负担，只需将脑海中浮现出来的内容作为关键词记录下来，然后像粘贴便笺纸那样，逐一打到屏幕上。当关键词积累到一定程度时，我们可以通过改变它们之间的相互位置来调整布局，最后将各个关键词之间用线连接起来，形成一个体系清晰的树状结构图。

让人们的大脑在不受干扰的情况下闪现出各种想法和灵感，而且能够将这些想法和灵感清晰整理出来的便捷工具，非思维导图软件莫属。

》用思维导图软件直接做演示

用思维导图软件来制作演示资料的目录是非常方便的，但它的用途还不止于此。比如，用思维导图软件做好目录之后，还可以对其中的各个项目再做进一步分解，写下这里想表达什么、这里要展示什么数据等笔记。总之，它的使用方法灵活多样，非常自由。

不仅可以轻而易举地做出一个清晰美观的目录，而且可以边试错边不断地进行修改，这正是思维导图软件的优势所在。在制作资料的起始阶段，思维导图软件能够给予我们很大的帮助，我们一定要充分利用它。甚至有人直接使用思维导图软件来进行演示。

思维导图软件的另一个便利功能是，既可以将树状结构全部打开显示其内容，也可以关闭具体内容不加以显示（见图 3–7）。

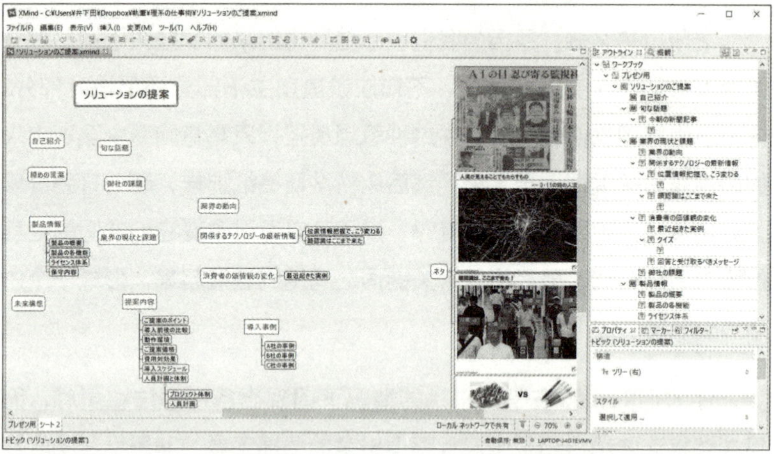

• 以贴便笺纸的方式，将自己想到的项目列举出来。

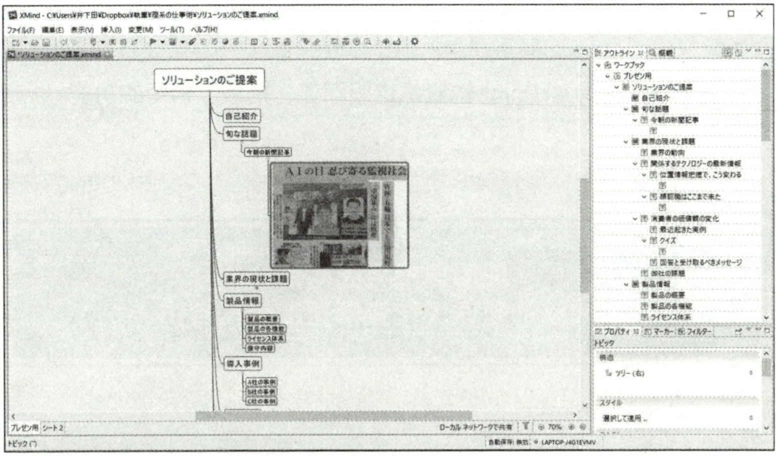

- 可以边试错边调整目录结构。
- 还可以进行插入图像或附件等各种操作。
- 本书展示的思维导图软件图像，均使用XMind软件制作而成。有关XMind的信息可进入XMind中文官方网站进行了解。

图 3-7　用思维导图软件来构思演示资料的目录结构

在演示的开场环节我们应尽可能关闭细节部分来进行说明，以便让观众看到整体的演示内容。等到进入详情讲解时，可以打开之前关闭的项目详情，边演示边讲解。演示者通过关闭或打开树状结构，让观众了解到现在所讲的是整体中的哪一部分内容，这样做能够增强演示的说服力。

再说点儿题外话，还有一个名为“变焦演示”的软件，与上述通过打开或关闭树状结构来进行演示的方式非常相似。使用 PowerPoint 制作演示资料时，一般都是按照页码顺序逐一完成，而变焦演示软件则不同，它是通过在一张巨大的白纸上画一幅大型图表的方式来完成的。而且，我们可以使用计算机特有的变焦功能，在演示的过程中，根据需要对页面进行放大或缩小。

近年来，PowerPoint 也紧跟这股潮流，搭载了相同的功能。

划重点

使用思维导图软件，
让大脑的整理工作变得更加轻松自由。

相比与竞争对手比较，与观众产生共鸣才是关键

》把潜在意识转化成语言，引起对方共鸣

如果我们的好胜心过于强烈，在进行演示时往往会抬高自己的公司，贬低竞争对手。但是客户是不会轻易上当的。虽然明知如此，但在好胜心的驱使下，很多人还是会做出一份直白的对比表格，给自己的公司打钩，给竞争对手打叉，将自己的意见强加给观众。

相反，如果演示时对竞争对手的优点胡乱赞赏一通，也是不可能取得成功的。那么，怎样宣传自己公司的产品才能显得自然而不做作呢？这确实是个技术活儿。

我建议营造出一个持续性共鸣的场景，我觉得这是最合理的做法。

没有人喜欢被强迫，也没有人喜欢被诱导。因此，让客户意识到"这是我按照自己的判断做出的决定"就显得非常重要。说是持续性共鸣，但如果持续的全都是一些老套的东西，也难以引起共鸣，反过来还会让观众对演示者产生鄙夷："难道就只会说那些陈词滥调吗？"**比较有效的做法是，将无意识的想法用语言表现出来。换句话说，就是让客户发现自己的潜在意识（见图 3–8）**。这种时候，他们才能产生强烈的共鸣："是啊，是啊。"

我使用 Facebook 已经有 10 年了，如今的投稿点赞数超过了 1 000。我不是名人，没有说过什么名言名句，也没有刊登过什么让人印象深刻的照片，一直都是以文字的形式在投稿，而且绝大多数是长篇稿件。那些长篇稿件为什么能受到大家的认可呢？我自己分析了一下，大概是因为我把很多人内心潜在的郁闷以及解决郁闷的方法、要点都表达了出来，因此引起了很多人的共鸣吧。

· 直白的对比表格只会起反作用。

- 将无意识的想法用语言表达出来。
- 不要把自己的观点强加给对方，让客户自己做出判断最重要。
- 将显现出来的需求转化为选择标准的形式。

图 3-8　用持续性共鸣让对方说“Yes”

我收到的很多评论都在说：“你将我们的想法用语言表达了出来，我很开心。”不仅仅是点赞数，评论数每次也能过百，而且每篇文章的分享数也都超过了 10 次。

我的投稿内容并不是一些老套寻常的东西，而且我也不会去说一些不合情理的话，我只是在语言表达上稍加斟酌来引起对方的共鸣。让读者觉得“啊，就是这个！这正是我想说的”，这才是关键。

》让对方连说10次Yes后，再提出你的方案

持续性共鸣也可以运用在演示中。

举个例子，假设你提出了一个内容十分新颖的方案，但这个方案于对方而言，存在一些不合情理之处。即便如此，同一份方案在突然提出和持续共鸣之后提出，观众也会产生天差地别的反应，这与人的心理活动有关。

“让对方说 10 次 Yes 之后，再提出你的方案”，这是街头巷尾经常被提到的一种心理学倾向。一个人连续说 10 次 Yes 之后，节奏就被带起来了，不知不觉间形成了一种很难开口说 No 的氛围感。这个时候我们趁热打铁地提出方案，就很容易让对方点头接受。

运用上面这个方法来验证一下，你的方案里写的竞争对手横向对比表格，是不是观众说 10 次 Yes 之后的结果。

那么重点来了，什么样的内容才能让对方说 10 次 Yes 呢？

划重点

在横向对比之前，
先要引起对方的共鸣来为自己加分。

相较对比结果，更需要明确的是选择标准

》成为客户的咨询师

我坚持运用自己的战略来创造属于我的不败神话。这个战略就是，我会不断地暗示客户“选择我们公司的产品吧”，但绝不强加于人，而是让对方自己做出判断。

那么，我是怎么给客户暗示的呢？读者们对此一定非常好奇，下面我将告诉你们答案。

很多时候，我也会被好胜心所驱使，为了强调自己公司产品的优点，而产生对比的冲动。特别是当自己的产品在性能和特征上占据绝对性优势时，对比的欲望就更加强烈。其实我也做过一些激烈的比较，只不过在方法上下了一些功夫。

当我想要将比较表展示给观众看的时候，一般都会先把自己制订选择标准的思路公布出来。在填写各商家的评价内容（打钩或打叉）之前，我先对选择标准和项目的合理性进行说明，例如“在选择这类商品的时候，最先考虑的是这一点，其次是这一点，再是 ×××。至于价格方面，只要是在这个金额范围内，基本上没有多大差别”，以此来引起观众的共鸣。也就是说，以客户咨询师的身份为他们出谋划策，告诉他们按照什么标准做出选择才不会出错。

» 比推荐产品更重要的是推荐选择标准

例如，有人打算买一台计算机，你可以这样跟他说："您之前一直使用的操作系统就很好，可以搭载办公软件，所以我还是建议您选择 Windows 10 驱动的计算机。它可以装载 16GB 的内存，现在硬盘低于 512GB 是不够用的。14 英寸的屏幕也有助于提高工作效率。另外，如果您有远程办公的需要，考虑到携带的便利性，1.2 千克以内的轻薄型笔记本电脑就比较合适。如果您觉得自带鼠标太麻烦，也可以选择'小红点'（指点杆）的机型，直接用食指操作就可以。按照这一标准来选择，不知您意下如何？" 像这样，只给客户提出合理化建议，而不要提及自己想要推销的产品厂家和名称，当然更不要自我吹嘘。只要让对方产生共鸣就足够了（见图 3-9）。

选择标准	客户需求	本公司	A公司	B公司	C公司
厂家	不限				
操作系统	Windows10				
内存	16GB				
硬盘	512GB				
屏幕	14英寸				
电脑类型	笔记本电脑				
重量	不超过1.2千克				
摄像头	内置				
鼠标	小红点				
预算	不超过15万日元				
综合评价					

不要在评价项目上打钩或打叉，要让客户自己来填写

先提出选择标准，以发掘客户潜在需求的方式来进行引导。

图 3-9　竞争对手对比表的模板

从前文的建议来看，我们将客户内心潜在的想法融入具体数据

中，然后用语言表达出来，这样做既不会过于理所当然，也没有不合情理之处，是真正值得客户参考的信息。下面，我以自己实际选择计算机的标准来举例说明。

》不要提前在对比表格里打钩或打叉

我们将选择标准用语言表达出来，让客户产生共鸣，在成功完成引导环节之后，下一步就该拿出对比表了。即使到了这一步，我也很少直接在表格上打钩或打叉。我运用了一个小技巧，那就是提前做好比较表的框架，但是只在本公司产品的对应部分打钩，而其他公司产品的对应部分则空着不填，然后直接交上去。

由于工作关系，我曾多次购买产品。在卖方交给我的资料中，也有他们与竞争对手的产品功能对比表，因为不允许把厂家的名字写上去，所以他们经常会用“M 公司”“W 公司”等具有很强暗示性的名称，然后在对应的地方打钩或打叉。每次遇到这种情况，我并没有不假思索地完全相信对比表里的钩和叉，而一定要向竞争对手询问、确认表格中的各项内容。从这些经历中我也学到了一点，比较表制作得过于直白并非明智之举。

》赢得对方信任，成功说服对方

如前文所述，不直接展示结果，而是将产生这一结果的选择标准展示出来的做法，具有两方面的效果。

第一，我们在推销自己公司的产品之前，先把自己的思路告诉客户，这么做能充分赢得他们的信任。

第二，我们这么做能让客户感觉“我是在了解的基础上做出选择的”，而这种感觉正是我们战胜其他竞争对手的一个重要因素。

只需把标准展示出来让客户了解，这就足矣。知道了具体的标准，再进行调查是很容易的一件事。客户自己去做调查，进行比较之后，接受我们的产品，这样会极大提高他们的购买概率。

划重点

用选择标准来引起客户的共鸣，能大大促进双方的成交。

资料要为客户再利用提供方便

》再三提醒自己，这到底是为谁制作的资料

在本章的最后一节，我要告诉你资料制作中最重要的事情——请再三提醒自己，我手头的这份资料究竟是为谁而做？同为演示资料，有的需要详细解说来向对方传递信息，而有的只需数秒就能传递信息。本书的大多数读者肯定都有自己明确的“攻克”对象，你的心里可能一直在琢磨，我要怎样做才能说服那个人同意自己的方案呢？是分项目列举好呢，还是用规范的语言写成一篇文章好呢？该不该用鲜艳的配色呢？资料的制作方法因目的不同而不同，并没有统一的标准。我希望每个人都能根据自己的目的制作出一份合适的资料。

》如有必要，可以提供电子版的演示资料

以向客户传递信息为目的制作演示资料时，切勿停留在自我满足的层面上。不要满足于突出自己的知识和能力，而要认真考虑资料交给对方之后会被如何对待。

演示活动是一次性的，当场就结束，所以需要追求现场的表现效果。而分发资料则不同，它在正式演示结束之后还将继续存在，因此应该考虑到被传播、扩散的可能性。相反，有时我们也希望将它传播、扩散出去（见图 3-10）。

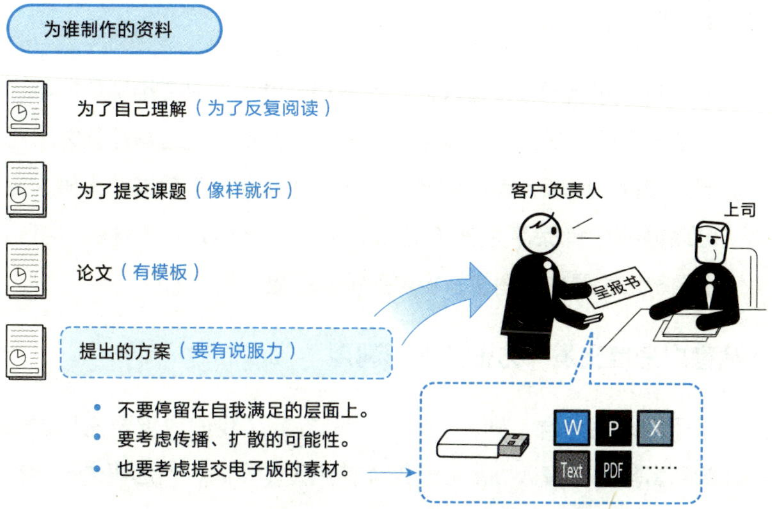

图 3-10　资料如能被客户复制粘贴，那就正中我们的“下怀”

例如，我们向客户企业的关键人物进行演示，或者递交资料的情况。由于最终决策者是客户公司的上司，关键人物在拿到演示资料后，势必会向其上司提交报告书或者呈报书。这个时候，关键人物当然不会将从各个厂家拿到的资料直接添加进去交给上司，而是要从他本人的立场出发，对讨论的事项及结论进行归纳，然后形成一份原创的资料提交上去。

话虽如此，实际上也有直接把各个厂家的资料原封不动地拿来用的情况。文字部分很好处理，只要照着资料内容重新输入一遍就可以，但表格或者图表就没有那么简单了，照着原样重新制作是十分费时费力的，因此如果不能直接拿来用，就会给对方增加工作量。虽然可以通过截图或者扫描粘贴到资料里，但这种做法会让表格或者图表的效果大打折扣。

所以我们应当学会察言观色，当发现关键人物有使用资料的需求时，除了纸质版，我们还可以连同电子版一并提供，这样往往能给对方留下好印象。当然，有的信息或资料，如果我们不想被他人再次使用，可以删除或者保存为 PDF 格式之后再交给对方。这样的“小心机”就像拳击比赛中的刺拳，能对演示的成败产生影响。

》从客户角度出发，方便资料再利用

基于同样的考虑，对于资料里写的内容，我们也需要先想象一下，拿到资料的关键人物随后将如何使用这份资料，然后再进行相应的准备。

我们总是忍不住想要强调自己公司的优点，制作的资料里也往往充满了销售意味的措辞。这样的做法请先打住！如果我们能把关键人物向上司提交的报告中必然会写的项目提前写进我们的资料中，被采用的概率就会大大提高。

例如，每个项目都会涉及投资回报率、引进时间表、人员计划等必不可少的要素，对于这些要素，我们应该站在客户的立场来写。不要只写与自己公司有关的内容，那些与自己公司虽无关，但对于客户的成功不可或缺的要素，也一定要明确写进去，这是一个技巧。特别是简单提一下投资回报率、人员计划、引进时间表等，客户会非常开心（见图 3-11）。另外还须注意主语的写法。如果写成“敝公司”“贵公司”“竞争对手 A 公司”等，客户就无法再次使用这些名称。虽然从我方的立场来看确实是竞争关系，但最好还是改成“供应商 A”“开发合作公司 A”等，在任何场合都通用的名称更加妥当。书面资料与现场演示不同，依赖性弱，保存性强，因此与其在视觉冲击力上下功夫，还不如多想想办法来提高再次使用率，让客户独自一个人也能轻松搞定资料的再利用。

那些客户可能也会用到的资料，就让我们为他准备好。

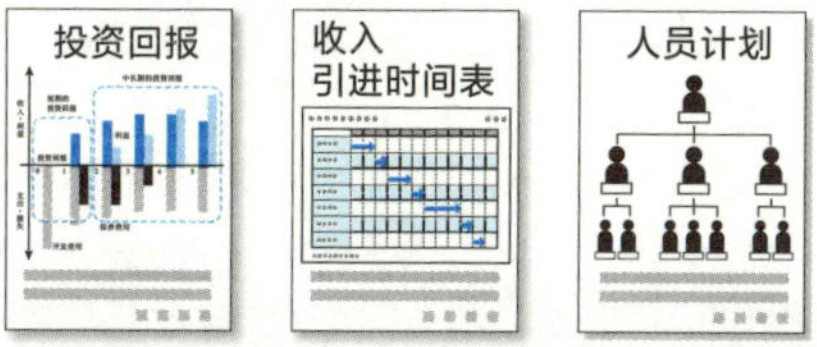

× 以自己公司为中心来强调。

○ 从客户的立场来描述整个项目。

为客户考虑，使用那些无须更改的名称。

站在客户的立场，使用“供应商A”“开发合作公司A”等名称。

	本公司产品	其他公司产品A	其他公司产品B
项目	对比内容	对比内容	对比内容
项目	对比内容	对比内容	对比内容
项目	对比内容	对比内容	对比内容
项目	对比内容	对比内容	对比内容
项目	对比内容	对比内容	对比内容
项目	对比内容	对比内容	对比内容
项目	对比内容	对比内容	对比内容
项目	对比内容	对比内容	对比内容

× 在增强视觉冲击力上下功夫。

○ 为客户独自使用提供方便。

○ 为客户再次使用提供方便。

图 3-11　容易复制粘贴，这种贴心的考虑也很重要

划重点

演示资料要从客户的立场来制作，
让客户能够直接复制粘贴。

第4章

资料制作法二（分论）

熟练运用放大和缩小两个视角来分析数据

》数据分析是支撑论点的最有效武器

要说资料中最具有说服力的部分，毫无疑问，非数据分析莫属。数据就相当于论据，在演示、演讲中，要证明自己的论点和主张，就必须让数据说话。

在学理工科的人看来，数据分析是最能让人摩拳擦掌、跃跃欲试的环节了。但是，就算铆足了干劲，方法错误也是徒劳。数据分析与论文写作不同，不能按照起承转合的顺序来进行。如果资料的阅读者是在软件购入中起决定作用的关键人物，每天忙得不可开交，他当然不愿意在看资料上花费太多时间，只希望能尽快做出判断。因此，那种结论不明确的资料势必入不了他的法眼。

我在第 3 章也提到过，让结论先行，随后再详细阐述，把各个部分的内容补充完整，这才是方便客户阅读的贴心的数据分析。

》信息的可靠性是最重要的

近年来，随着网络的普及，我们能够在短时间内收集大量的信息。因此，信息变得越来越泛滥，这反而不利于我们做出判断。信息过多或过少都不是好事。

身处信息化社会，读者的信息收集能力已成为非常重要的因素，不过，资料制作方的贴心考虑也是必不可少的。这种贴心考虑恰是让对方接受自己的主张或方案的关键所在。

首先，要重视的问题就是数据的可靠性。使用数据时一定要标明信息来源（即出处），这一点非常重要。信息的原始出处是哪里，这是读者做出判断时最主要的参考标准。

其次，即使同一条信息，刻意地缩小或改变关注点，也会形成与事实不相符的歪曲的结果或主张，这是我们要特别注意的一点。在网络新闻中，也经常出现将一些名人的发言断章取义、放大处理后在网络上引发热议的情况，这已经成为一个严重的问题。即使不是主观意愿，但人们如果缺乏客观辨别数据的能力，也很有可能做出错误的判断。

》根据需要对数据进行放大或缩小

举个例子，有一家服装厂的经营者想对统计数据进行分析，以此来决定哪个尺寸的衣服要多做一些才更有助于提高销量。他用衣服总数取尺寸的数据平均值之后得到的尺码是 6 码。这个数据是准确无误的，而且没有加入任何人的主观意图。但是，当他囫囵吞枣地接受这个数据，并未进行深入分析就将衣服全部做成 6 码后，却一件也没有卖出去。

实际上，仔细调查之后发现，原来有很多人穿 4 码或 8 码的衣服，取他们码数的平均值之后，就得到了 6 码这个结果。

所以，在做数据分析时不能只看结果，还必须将详细内容放大来看。以刚才所举的例子来说，就是不能只看平均值，还应该仔细研究一下目标人群的分布情况（见图 4-1 左图）。

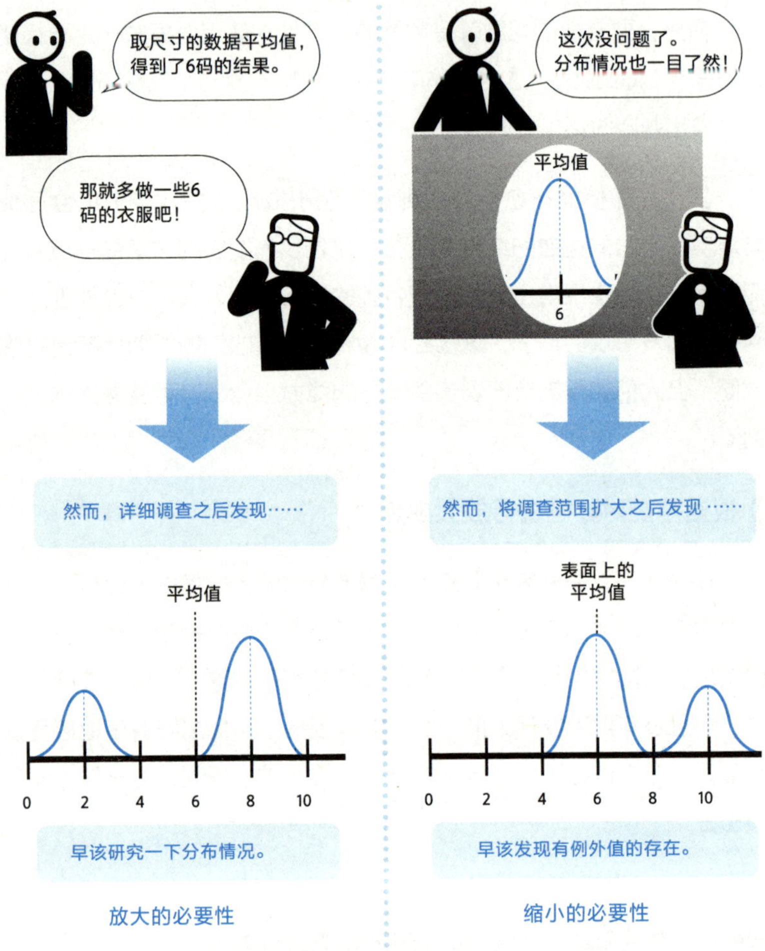

图 4-1　以正确解读数据为目的的“放大”与“缩小”

注：此图的展示已进行简化处理，并非实际情况。

同一个例子中，有时还需要根据情况进行缩小。我们在计算出平均值，研究完分布情况之后，虽然做出了 6 码的判断，但仔细观察一下就不难发现，被视为例外值的 10 码，其需求量居然非常大，令人出乎意料（见图 4-1 右图）。

比如我的身高有 1.83m，体格强壮，一般很难买到合身的衣服。所以一旦遇到尺寸合适的衣服，就会毫不犹豫地买下，款式是否时尚根本不在我的考虑范围之内。

各个服装厂商一般都是以日本人的标准体型为参数，虽然也有可能考虑分布情况，但是往往会忽略超大号的需求。近些年来，日本人的体格也变得越来越大。在我看来，某些主营超大号服装的品牌专卖店，大概就是用缩小的视角来进行数据分析之后，才开设的店铺吧。

如上所述，数据这个东西是一项非常重要的论据，是我们获取胜利必不可少的武器，但反过来我们也需要在数据的解读上格外注意。

》不仅要把自己的观点展示给客户，更要让客户了解整体情况

这也是我们在准备资料时会用到的一个非常重要的战略。我们不仅把自己想要展示的数据拿给客户看，还要将外延内容一并展示出来，这样做可以避免竞争对手用随意性数据欺骗客户、攻击我们。

在商业博弈中，每个竞争对手都会拼命宣传自己公司的优点，极力彰显自己的优势，努力说服客户“我们是最好的”。因此，与其像他们那样热血沸腾地高声呐喊“我们是最好的”，还不如冷静下来，使用一些客观的描述来宣传，如此更能赢得客户的信任。例如“在这一点

上我们虽然屈居第二，但整体来看，我们的综合评价是最高的”“我们没有收到任何差评，这是敝公司的特点，与排名第一的公司相比也毫不逊色”之类。

划重点

数据分析是证明自己观点的最有力武器。

从 4 个视角提升数据分析质量

》提高数据说服力的4个视角

我们在制作资料时需要用到数据分析的机会将越来越多。在进行数据分析时一定要确认自己是否充分具备了以下 4 个视角（见图 4–2）。

这 4 个视角对于提升数据分析的质量大有裨益。而实际上，能够运用这 4 个视角来收集、分析数据的人可谓凤毛麟角，因此，学习并掌握好它们，就能凸显出我们的优势。

包罗性

在上一节讲缩小的视角时我也提到过，在进行数据分析时务必确认一下是否有遗漏。在网罗所有可能性的基础上，确保计算时没有忽略整体，也没有出现偏狭的情况，这是非常重要的。

公平性（中立性）

公平极为关键。数据这个东西可以朝着对自己有利的方面来无限加工处理。阅读资料的人一旦意识到数据是随意的，就会立刻产生反感的情绪。

所以，我希望各位能够站在冷静客观的立场来收集和分析数据，这一点真的很重要。

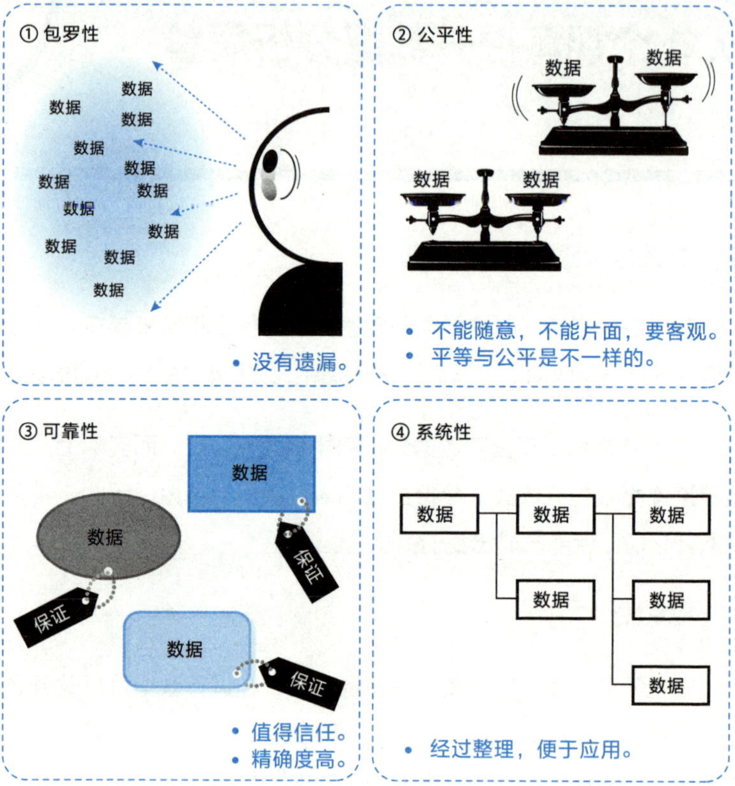

图 4-2　提升数据分析质量的 4 个视角

可靠性

对资料的精确度和准确性，我们也要多加留意。无论数据量多么庞大，如果都是些凭空捏造或者敷衍了事的数据，那就没有任何用处。

“假阴性”“假阳性”都是真实存在的，我在网络信息安全公司担任信息总监时使用过这两个词。

以网络安全为例，有些数据经检查之后确认是安全的，但其实里面混杂着未被发现的病毒，这种情况被称为“假阴性”。反过来，还有些看起来奇奇怪怪、让人厌恶的数据，实际上却是安全可信的，这种情况就是“假阳性”。

要提高数据的可靠性并不是一件容易的事情。正因为这样，那些为了提高数据可靠性而付出的努力，能让阅读者产生安心感，有助于构建双方的信任关系。

系统性（再利用度、应用性）

当我们将那些兼具包罗性、公平性和可靠性的数据收集完成之后，接下来要做的一项重要工作就是看一下是否能对这些信息进行系统化整理。如果能，说明做数据分析的人充分理解了那些数据。经过系统化整理后的数据对阅读者也具有更高的利用价值。

当然，对阅读者来说，经过整理之后的数据简单易懂，因此远比直接看原始数据更有帮助。

综上，我为大家介绍了数据分析时应该重视的 4 个视角。虽然会费些功夫，但是只要留意这 4 点，就能将自己的优势凸显出来。希望你能够坚持不懈地继续付出“合理的努力”。

划重点

包罗性、公平性、可靠性
和系统性，缺一不可。

资料制作要体现实用性和简洁性

》资料的结尾部分要用定性的效果来助推

当我们制作资料来推销公司的商品或服务时，往往习惯于把商品功能齐全以及本公司的商品与其他公司的商品比较之类的内容写进去。例如，将客户的真实使用案例、价格等写进去的做法就很常见，好像这样才合乎情理。

当然，上面提到的那些都是必不可少的项目。然而不可思议的是，很多时候，即便销售人员重点强调这些项目，它们也未必会成为商谈的决定性因素。好像还差最后一把助推力。

试着研究一下其背后隐藏的深层心理，我想大概是因为，数字所展示出的定量的效果只是一方面，数字所无法表达出的定性的效果，才更让人感到魅力无穷吧。

因为，在定性的地方，能感受到梦想的存在。提到定性的、梦想之类的话，并不能只有一个模糊的印象，具体性非常重要。

那么，我们应该记录哪些具体性的东西呢？

我认为应该有 5 个重点。本节我将介绍其中的两个，分别是实用性和简洁性（见图 4–3）。

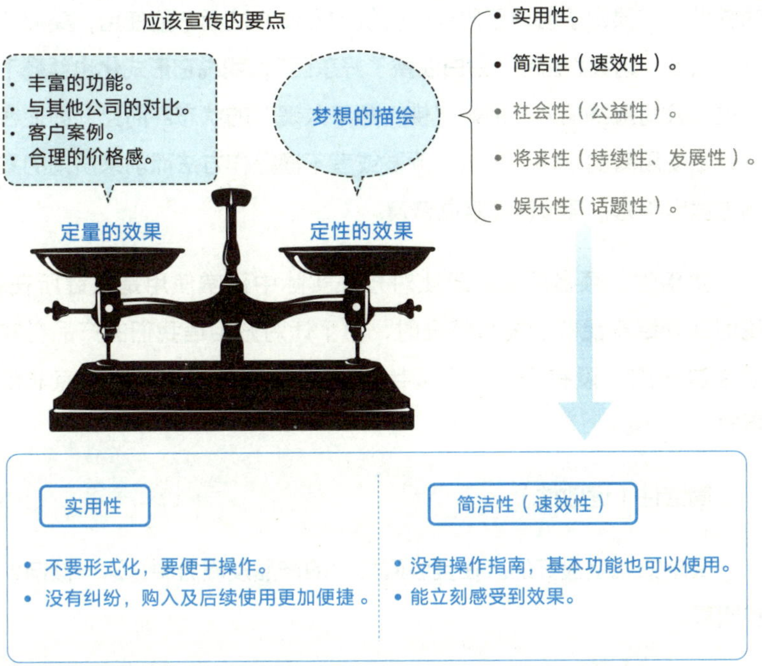

图 4-3　在宣传商品、服务的资料中，应该记述的要点（一）

》实用性与简洁性

实用性

即使我们的商品功能齐全、功能优于竞争对手，如果客户没有使用计划，介绍这些功能也是毫无意义的事情。而且，就算客户有使用某项便利功能的计划，如果他不能熟练使用这一功能，功能齐全对他也没有任何意义（见图 4-3）。

在互联网领域，我们经常遇到这样的情况，好不容易购入一款好的软件，结果由于客户不愿改变传统的操作方法而未能使用，类似的例子很多。这简直就是“白白浪费了好东西”，我说它形式化也丝毫不为过，公司最终陷入“造好了佛，却不入魂”的状态。而且，即使客户开始使用新的软件，因纠纷频发或者不懂操作方法而前来质询的案例也层出不穷，导致软件难以普及。

实用性，顾名思义，即让对方在实际中正常使用是关键所在。我们在介绍产品的功能和特征时，为了让对方相信我们的产品在实用性这一点上没有问题，必须用推背的感觉来表达，这一点非常重要。

简洁性（速效性）

简单的就是最好的。在互联网相关的产品及服务中，这一倾向尤其明显。

以前的家用电器就是这样，每个产品里面都有详细的操作指南（说明书），不认真阅读就不知道怎么用。

不过如今，无须说明书也能使用的家用电器成为主流。更准确地说，那些离开了说明书就不能使用的产品已经没人买了。

智能手机大概就是最好的例子。仔细看看，它的功能也是非常丰富的，按理说，如果不阅读厚厚的说明书，就没法熟练使用。而实际上，智能手机具有很强的易操作性，消费者在购买之后就能当场使用。当然，如果没有阅读说明书，就有可能不知道智能手机里许多隐藏的功能。但重要的是，即使不知道那些隐藏的功能也无妨，只要基本的操作简单易上手就足够了（见图 4-3）。这正是智能手机的设计理念。

这种简洁性十分重要。然而现实当中，我很少见到将之运用到资料中的例子。这是非常重要的宣传要素，一定不要遗漏。

速效性也同样重要。速效性指的是能够立刻感受到效果。这也是一个用语言很难表达的优点，但它却是增强说服力的重要因素。

因此，我们有充分的理由将它应用在宣传商品、服务的资料中。

划重点

简洁又实用，是最强大的武器。

资料制作要注重社会性（公益性）

》工作的本质是被社会需要

社会性（公益性）

我在前文中没怎么提到这一点，各位读者可能会觉得不太好理解。其实，如果我们去思考一下工作的本质就会发现，这实在是太理所当然的事情了。工作指的就是为了实现社会的需要而以机构的形式来运转的行为。不知道从什么时候开始，工作的目的产生了变化，人们将重点放在了赚钱上。

只要瞥一眼股票以及投资领域的情况就不难理解这一点。一般来说，只要在低点买入、高点卖出，就能获利，这是股市赚钱的基本规律。一方面，如果以赚钱为主要目的，瞪着血红的双眼紧盯着短期内股市的变动曲线，以秒为单位持续不断地在低点买入、高点卖出，自然能够赚钱。如今，借助互联网的力量，以秒为单位进行买卖的行为已经完全实现了。不过另一方面，互联网小白想要利用股票赚钱，会变得更加困难。

但是，股票和投资的本质是一种支持公司发展的交易行为，通过向公司注入资金，帮助它成长为将来社会所需要的企业。因此重要的是长期投资，而非短期内的频繁交易。而且，投资者最终也会获得很大的回报，即投资收益。这并不是什么冠冕堂皇的漂亮话，实际上，以上述目的为出发点进行投资的公司，都迎来了蓬勃发展的好时代。

无论是我们所在的企业，还是我们自己，为了获取信任，都把拥有社会性看得很重要。将这些内容写进商品和服务资料中，也是极其重要的。

有一种被称为“CSV”的商业模式，虽然其名称尚未完全固定下来，但一直广受瞩目。CSV 就是“Creating Shared Value”的缩略形式，意为“创造共享价值”（见图 4-4）。

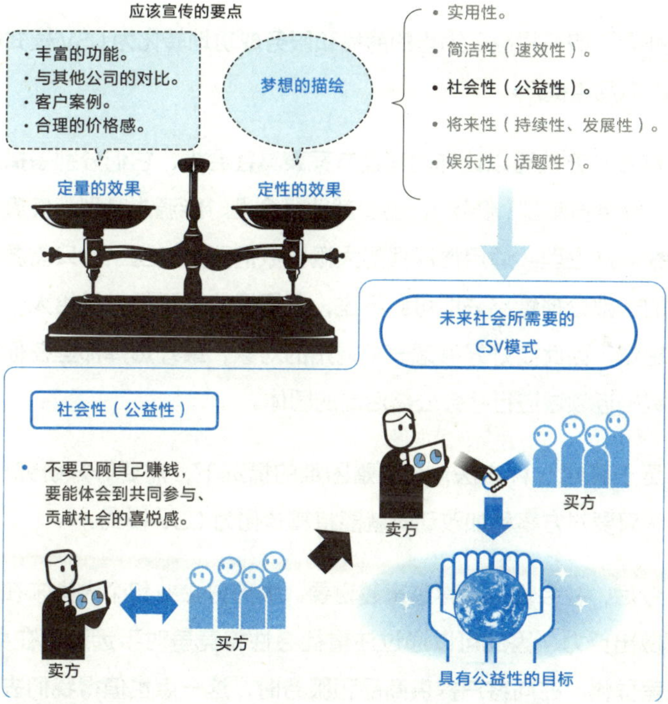

图 4-4　在宣传商品、服务的资料中，应该记述的要点（二）

此前，已经有很多企业将利润的一部分用于投资社会性活动。但是，如果企业业绩下滑，利润空间减少，就不得不缩减投资额。此时这样的社会性活动便会沦为一种缺乏后劲的临阵磨枪式的活动。

而在 CSV 模式下，同样是从事社会性活动，却与以往的运行模式有所不同。若企业和客户共同参与社会公益活动，其销售额也将等比例增加。

》如何将销售方案转化为CSV模式

那么，如何将自己销售的商品和服务成功地转化为 CSV 模式呢？我有以下几点提示。

有 6 种方法可以让你的销售方案兼具社会性，它们分别是捐赠附加型、社会贡献型（低碳）、创造就业机会型、能源生产型、健康促进型和教育推进型。适用性最强的大概要数捐赠附加型了，只需要将销售额的一部分捐赠出去即可。不过，假惺惺的捐赠很容易给人一种伪善的感觉，因此要好好考虑一下捐赠的对象，最好选择那些在你的销售方案相近领域进行社会公益活动的团体。

至于其他 5 种方法，在捐赠困难的情况下，需要好好研究一下。其实，只要对方案稍加改动，就能将其转化为 CSV 模式。

今后，社会性会变得越来越重要。大部分企业和个人尚未在这一方面做出努力，因此可以通过注重社会性将竞争对手远远甩在身后，实现差异化。在向客户提供商品和服务时，这一点也值得我们去认真研究。

划重点

社会性宣传，
今后将成为差异化的一大因素。

资料制作也要顾及长远性和话题性

» 用梦想、安心感和玩乐之心打动他人

长远性（持续性、发展性）

跟客户谈论商品和服务的未来，也是十分重要的。

我们生活的世界越来越便利，商品和服务的折旧周期也缩短了。很多人遇到喜欢的某样东西，好不容易买到手，而发生故障拿去修理时却发现已经没有配套的零部件了，于是只能更换新的。

不过，社会上也出现了要求暂停这种“短命化”的动向。一项名为“SDGs”[①] 的活动备受瞩目，它是一项可持续发展战略，将创造一个更好的世界作为国际性目标。开头的“S”是“Sustainable”的缩写，即可持续发展之义。商品和服务也在追求这一理念。

从 SDGs 的角度来说，我们在宣传自己的商品时，要重点指出它不是一次性的，而是长期持续性（可持续发展）的东西。另外，也有人对产品或服务的远景非常重视。例如，未来有什么发展目标，现在是否有此类商品或服务，是否能引起公众的共鸣，等等，都会成为购买点。

① 英文全称是Sustainable Development Goals，即联合国的可持续发展目标。——编者注

因此，在介绍商品和服务的资料中，不要忘记加上对未来的展望，将那些令人期待的梦想具体描述出来。至于具体的写法，我的建议是先调查一下目标企业的远景规划。如有可能，最好将企业的中期经营计划书拿到手。对照着里面所描述的企业未来规划，若将自己公司的销售方案内容与之完美匹配，或者能为对方提供支持，这便能为你的资料锦上添花（见图 4-5）。

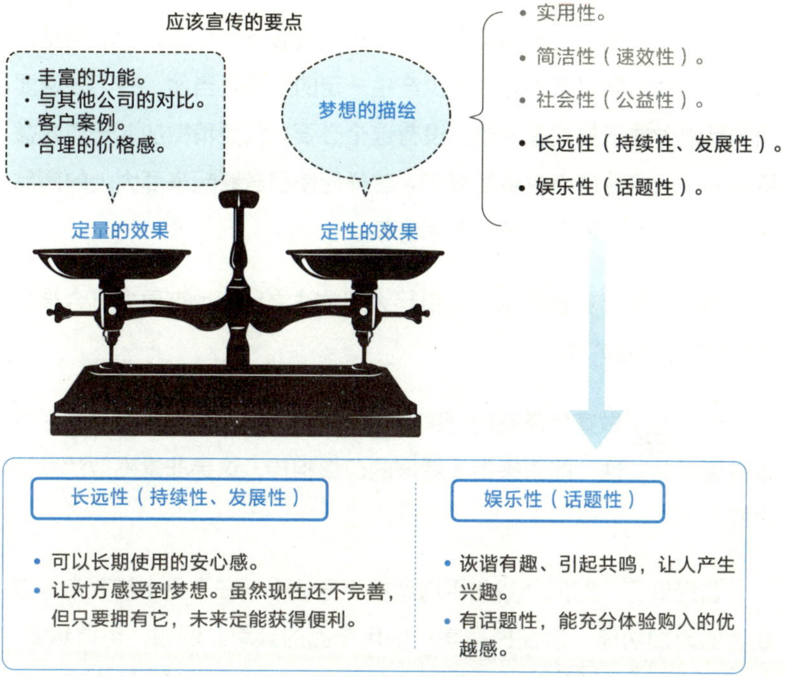

图 4-5　在宣传商品、服务的资料中，应该记述的要点（三）

娱乐性（话题性）

可能有很多人对这一点倍感意外。我之所以这么说，是因为我们在选择商品和服务时，一般都不会考虑娱乐的因素。

然而，人的玩乐之心不可小觑。无论你购买了多么优质的商品或多么便利的软件，如果最终无人使用，就只能形同虚设，这类现象并不少见。这与产品的质量无关。

出现上述情况，很有可能是因为产品或服务缺少亲和力。而是否具有娱乐性，会对亲和力的多少产生一定的影响。当然，并不是说要把产品都做成玩具或者游戏，没有这个必要。只要稍微加入一点儿益智性的、治愈性的小故事就够了。这样能使那些看起来高大上的商品或服务，一下子变得友好和亲民起来。

当一个商品具备娱乐性，引起大家关注之后，也有更多机会被放到 SNS 上传播扩散。

企业为了做宣传所花的营销费用是相当高的，但如果商品和服务本身具备话题性，能引来街头巷尾的口口相传，这是非常高效的营销方式。

曾经流行一时的游戏化手法就相当于这个。在产品中加入带有游戏性的附加功能，旨在提高客户使用产品的频率。例如，用得越多，获得的积分也相应增加，因而能够获得某些奖励的机制，这个不难理解吧。

我在第 1 章也提到过，我们不仅要让客户所在的公司产生期待感，也要为关键人物提供各种便利。有些功能，虽然不包含在主要要件中，但只要能给关键人物及其周围的人带来方便，就应该果断加进去，这一点十分重要。

娱乐性和话题性是客户在潜意识中所追求的、极具诱惑力的重要因素，记得一定要将这些渗入你的商品、服务资料中。

划重点

与眼前的优势相比，
深层次触动客户的心弦更为关键。

第二部分

300场商业博弈连胜不败的进阶秘密武器

第5章

职场沟通法

请将晨间问候传递给公司的每一个人，不要怕绕远路

》问候是人际关系最好的润滑剂

每天的晨间问候，你做到了多少？人都有一贯性心理，一大早能用笑脸发出友好信号的人，下午与他人关系恶化的可能性是很小的。这是因为，尽量避免上午和下午的行为之间产生矛盾的心理，在无意识中发挥着作用。因此，从理论上而言，晨间问候也是一种非常有效的交际方式。

请回想一下，你每天早晨走进公司会带着笑脸跟多少人打招呼呢？恐怕很多人都是以最短路线走到自己的座位前，默默开始一天的工作。从公司门口到自己的座位这一最短路线中，你会跟擦肩而过的同事打招呼吗？你是否觉得打招呼也只是一种表面形式呢？

有意识地向很多人打招呼，这可能需要一些勇气。不过没关系，我们很快就能适应。用满面的笑容和清晰的声音打招呼，不仅可以让周围的气氛变得轻松，也能让自己的心情好起来，提高工作效率。当你慢慢习惯之后，下次到公司上班时，记得从距离自己座位最远的地方走进去，这样就能自然而然地向每一个人打招呼。如果你的座位在公司正中间，则可以借着端茶取水的机会，走到每个同事的座位前进行问候。

比起直奔自己的座位，向很多人打招呼这种做法肯定会多费一些时间。特别是在大公司或大型办公区域，如果挨个问候，转一圈下来

可能需要好几分钟。但是，这样做的效果是非常显著的。

坚持向每一位同事表达问候，这样做的好处是很容易让对方记住自己，而且一句简简单单的“早上好”，就能为双方今后的交流打下良好的基础，何乐而不为呢？

晨间问候不仅有笑容所带来的效果，还可以锻炼自己在众人面前表现自我的胆量。这能让你变得更加自信，因此，把它作为早上的例行程序坚持下来，试着从距离自己座位最远的地方进入公司，大胆地跟同事们打招呼吧（见图 5–1）。

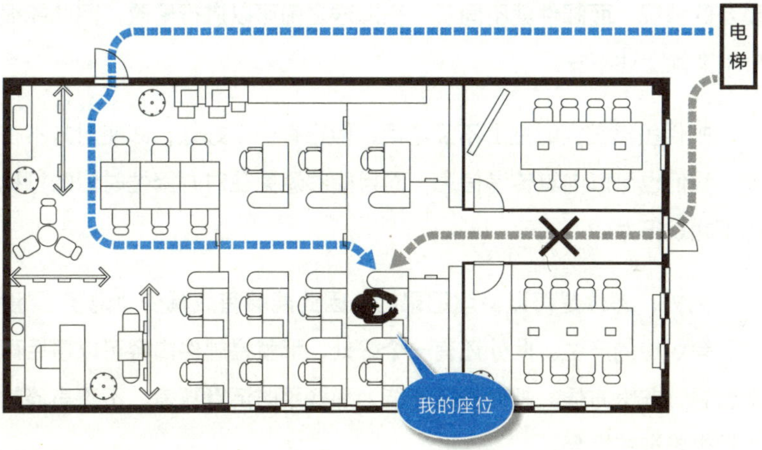

图 5–1　晨间的第一句问候，可以提高工作效率

划重点

晨间的几分钟问候，能让一整天都变得顺利。

邮件比现场谈话更有力

》邮件是不善言谈的人的有力武器

对于大多数不善言谈的理工科生而言，邮件简直就是救命的工具。

面对面交谈的时候，可能会不小心说错话，或者没能把自己想说的清清楚楚地表达出来，出现“哎呀，我应该那样说就好了”等追悔莫及的情况。而邮件就不同了，在发送之前可以进行修改，因此能很好地消除上述不安。

邮件虽然在实时性上不及电话，但它有一个好处，即使对方不在场，我们也可以向其传递信息，而且能够避免在对方繁忙时冒昧打扰的不礼貌行为。

另外，邮件是可以保留记录的，因此能够有效减少“说了”“没说”等纠纷的产生。此外还有一个好处，那就是邮件内容可以事后再次查看，非常方便。邮件甚至还能为那些平时沉默寡言、不善言谈的人提供雄辩的机会。

在本节，我将为你介绍一些使用邮件时需注意的礼仪，这些对于构建和维持良好的人际关系非常有帮助。它们不同于其他书籍和网络上所登载的常规方法，而是我自己在实践中积累的经验，与你分享一二。

》邮件主题越短越好

一般来说，在工作中越积极的人，处理的邮件量也会越多，具体情况因人而异，大部分人每天收到的邮件少则 100 封，多则 1 000 封。当你了解了这一点，自然也能发现邮件的表达方式中所体现出的贴心与周到。

众所周知，邮件最重要的是主题。**邮件主题越短越好，应避免使用敬语等冗长表达，尽量做到言简意赅。**如今，收件箱中垃圾邮件大量堆积的情况非常普遍。因此，收件人首先会根据邮件的主题内容判断是否删除该邮件。

如果是商谈会面的事情，建议在主题中把邮件中最重要的信息用简短的话语写清楚，例如："××/××@ 场所，关于……的商谈"。这样做的话，对方在收到邮件之后，就可以直接将其加入"待办事项列表"文件夹中进行管理。当然，发件人也可以进行相应的文件管理，非常方便。不过，需要注意的是，一定要多为对方考虑。这是交流的基本原则。

当收发双方持续回复邮件时，有的邮箱中会出现"Re：Re：Re：……"等字样，每回复一次，就会增加一个"Re："。这时，我们最好将那些多余的"Re："删掉，保留一个即可，这样做虽然当时会多花一点儿时间，但事后看绝对值得。

另外，对于那些不太重要的邮件，我们可以在主题中加上"F.Y.I"（for your information）来告诉对方：如果您工作繁忙，只需抽空粗略浏览一下即可。

如果只是简单回复“我知道了”，或者向对方致谢时，建议在主题前面加上“了解（无正文）Re：”“Thanx（无正文）Re：”等字样，为对方节省阅读邮件正文内容的时间。

处理好以上这些小细节可能需要一定的勇气，但是很有必要。这对于那些能力超群又异常忙碌的人而言，反而是一种莫大的帮助，因为这些细节可以为他们节省处理邮件的时间。如果只是为了向对方表达谢意，使用主题就足够了。并在主题中写明“无正文”，这一点很重要。

另外，在工作中，很多时候要将同一封邮件发给多个收件人。对于那些被抄送的人而言，“无正文”这几个字尤其重要，能让他们放心地跳过这封邮件不读，非常有助于提高工作效率。

不过有一点需要注意，即使在邮件主题里写上了“了解（无正文）Re：”的字样，邮件内容也不能真的一片空白，而应认认真真地写上：“××先生（女士），一直承蒙您的关照，基本情况我已了解，改天再登门拜访。”我们在邮件中运用一些省时省力的做法是为了对方着想，但不能连基本的礼仪也一并省略掉。我们要表现出一种时刻把对方放在心里的态度（见图 5-2）。

从礼仪的角度来说，提醒邮件也同等重要。如果你们早在两周多以前就约好了拜访或者商谈事项，建议在见面的前一两天给对方发送一封提醒邮件来进行确认，邮件主题可以写成“Reminder Re：”。

如上所述，我们在处理邮件的过程中，通过一个小主题就可以提高工作效率，而且能让对方感受到你的细心和体贴。抓住机会展现自己的礼仪是一种商业意识，有助于提高客户对自己的评价。

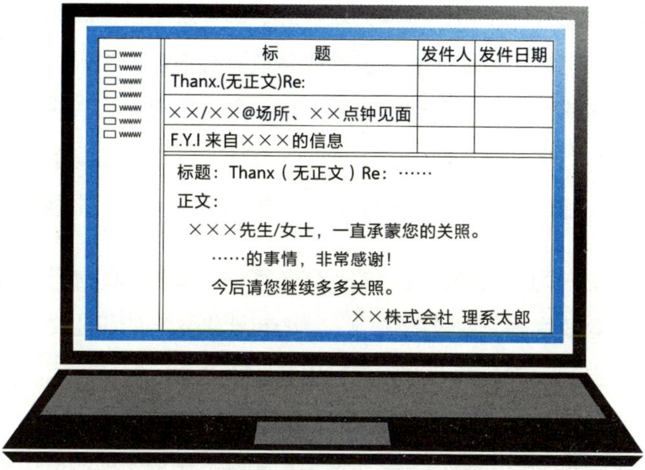

图 5-2　贴心的邮件主题写法

》将待办事项作为邮件发给自己，并抄送他人

当我们走向社会开始工作之后就会明白，养成“报，联，商”的习惯有多重要。对上司自不必说，对工作伙伴或业务上有联系的人，也可以通过报告（报）、联系（联）、商量（商）与对方共享自己的工作进度和状态。

然而偷懒是人的本性。仅仅出于义务的“报，联，商”只会增加负担，使人感到疲惫，无法长期坚持下去。如果能收到上司的回复还好，但上司面前也摆着数量庞大的“报，联，商”等待处理，因此恐怕难以一一给出满意的回复。

这种情况下，我们可以转换一下思路，为自己做一些类似“报，联，商”的事情。下面我将为你介绍一个具体的方法。

每天早晨写一个待办事项列表，通过邮件发给自己。然后，到了当天晚上，再把（列表中的）已完成事项进行报告。加入太多感想或者过于在意格式会增加我们的心理负担，只需用项目列举的方式来简单书写就可以了，然后把这封邮件也一并抄送给上司和同事。请事先告诉他们：邮件是抄送的，不仅不用回复，连内容都不需要看。

养成这一习惯，能使自己的工作效率得到戏剧化的提升。最重要的是，你会萌生出“说过的事情，就一定要做到”的职业责任感。虽然是为了自己而养成的习惯，但它也有附带效果。即使上司和同事没有阅读你抄送的邮件，他们对你一天的工作内容和工作进展情况也能有所了解，你们之间的交流会变得更加顺畅，大家对你的信任感也会不断增强。

划重点

我们只需在邮件的处理方式上花一点儿心思，
就能让工作效率和沟通能力得到戏剧化的提升。

拒绝要巧妙，不使用否定词

》成为一个不让人讨厌的拒绝者

那些感到人际交流进展不顺的人往往都有这样的烦恼——不知道怎样拒绝他人的请求。

而擅长交际的人却能巧妙地拒绝别人而不被对方所讨厌，这一点真的很让人羡慕。面对请求者，他们的脸上没有表现出任何拒绝的神色，而是非常得体地应对着。每当看到这种情景，我就特别想拜他们为师，好好学一学拒绝的技巧。

下面我将介绍一下自己总结出来的不善言辞的人也能掌握的拒绝方法，若能灵活运用，就能很容易让自己和对方变成双赢的关系。

》避免当即做出回答

善良的人总是习惯为他人考虑，当对方提出请求时，恨不得当场就答应下来。这时候可以先用一句“我需要确认一下自己的计划”，来留出一点儿回旋的时间。在这段时间里，那些喜欢随意提出请求的人很可能转而去找别人帮忙，于是事情就这么解决了，此类情况非常普遍。

也有一些人，为了自己轻松，把已经应承下来的工作甩给别人去做。如果他当面向你提出这个请求，你也不要急于做出回答，用邮件的方式来拒绝，更能减轻心理上的障碍。

还有一个方法与上述做法有异曲同工之效，那就是在邮件的草稿中事先用文字准备好“外出中”的回信，然后以手动的方式进行处理，让对方以为是系统自动回复。

这时，对方很有可能转身去找别人。即使他仍在等你的回信，“外出中”三个字为你争取了思考的时间，你完全可以利用这段时间编出一个合情合理的理由来拒绝他。

》让领导决定工作的优先顺序

那些突然向别人提出请求的人，往往都不怎么考虑别人是否方便帮忙。如果提出请求的是自己的顶头上司，比起直接拒绝，更好的做法是以征询意见的口吻询问:“我手头正在做 A、B 和 C 三件工作，您看把哪个推迟好呢？”这么一说，对方就知道你现在特别忙，因此他很有可能自己主动撤回请求。尤其是在上司拜托你做多项工作的情况下，说不定还能把之前给你安排的其他工作减掉。

即使每一项工作都同等重要，也要让上司知道，他拜托的事情给下属增加了很大的负担。

》提出备选方案或备选人员

如果遇到实在无法拒绝的情况，尝试提出备选方案也不失为一个好的办法。也就是说，不直接拒绝，而是让对方自己做出判断，从而达到拒绝的目的。

常见的备选方案有两种，一是提供时间备选方案，二是提出解决问题的不同方法。

前者指的是以时间不合适作为理由来拒绝。比如，“我这周简直忙得不可开交，下周可能有时间，下周行吗？”这个回复看起来是答应了对方的请求，而实际上因为时间不合适，对方只能主动放弃。

后者指的是使用附带条件的回答。比如，“如果用这个方法，我也能做，可以吗？”表面看来是答应了，而实际上如果这个方法与对方的要求不一致，他除了主动撤回请求之外也别无选择。

当然，有时也会遇到对方同意上述备选方案的情况，这时我们就没有理由拒绝了。

不过，提出备选方案是一个非常好的方法。它能将对方拜托的事情缩小到我们力所能及的范围内，同时也向对方表现出积极的态度，如果实在想不出备选方案，也可以提出备选人员，例如，“让某某某做这件事，能比我更快地完成，您考虑一下？”当然，这种情况下，一定要提前取得备选人员的同意才行。

» 用肯定词来表达拒绝

这是一个非常高明的做法。“那么，前面这些工作就由我来做吧”，用肯定的语气主动做出回复，看似是在明确自己的工作内容，实则暗中拒绝对方进一步的请求。

在职场当中经常可以看到，很多上司在安排团队成员做事情时，有人往往在所有工作安排下来之前，就把自己能做的部分进行了限定。例如，“这天，还有这天的事情，就先由我来做”或者“我跟这位客户有交情，就由我来吧”等。

》不使用生硬的否定词

前文为各位介绍了 4 个拒绝的技巧，在这里我想要特别强调的是，无论采用哪一个技巧，都不要使用生硬的否定词，这一点非常关键。

其实，不仅仅是对待请求，面对任何情况时，我们不使用否定词也能进行妥善处理，这一点至关重要。

我们留心观察一下那些擅长交际的人就会发现，他们总是表现出积极接受的样子，而实际上是在积极拒绝。

接下来是我的具体建议。这个方法只需训练一周的时间就能掌握，各位不妨一试。

在讲话中不要使用表达否定意义的连词，例如“但是”“可是”“不过”等。刚开始你可能连一小时都坚持不了。你将会切身感受到，生活中如果离开了否定词，我们的表达会遇到很多困难。但这个训练效果是非常显著的。

万事开头难，但坚持下来，你就能慢慢学会如何只用肯定词来拒绝那些自己不愿接受的请求（见图 5–3）。

只用肯定词还有一个效果，那就是能给自己形成心理暗示：我是一个积极向上的人。这种心理暗示能使你的行动力得到提升，人际关系也会变得更好。

积极的拒绝技巧，不使用否定词

① 避免当即回答

如果请求的事谁都能办到，对方可能会转而去找别人。

② 告诉对方，优先顺序会发生顺延

如果不是重要的请求事项，对方可能会撤回。

③ 提出备选方案或备选人员

将请求内容限定在自己的能力范围内，让对方主动放弃。

④ 用肯定词来表达拒绝

表面上对请求内容进行有限的接受，暗中将主要部分拒绝掉。

特训 一周内不使用否定词

- 掌握使用肯定词来表达拒绝的技巧。
- 给自己积极的心理暗示。
- 更有行动力。
- 改善人际关系。

图 5-3　持续使用肯定词

划重点

不使用否定词的拒绝方法是存在的。
使用肯定词，能让自己的心态变得更加积极。

当被对方否定时，要用肯定的方式做出回应

》即使被对方否定，也要有坚持己见的办法

当你提出自己的方案时，或者每一次前去谈判时，难免会有遇到阻力的情况。有的人为了赢得谈判胜利，便在逻辑上进行了严密的准备。但有时越是这样的人，在遇到反对意见时，越容易展开辩驳，和对方发生舌战。他们往往一开口就会说“不，不是那回事……”“不过，那样的话……”等，一上来就否定对方，坚持自己的立场和观点。有的人虽然心里明白当即否定对方的做法是不恰当的，但如果留心观察一下自己的发言内容则不难发现，一张口就冒出“不”“不过”等词语的人出乎意料地多。

正如我在上一节所提到的那样，我们要避免使用否定词。那是因为如果我们去恶意刺激对方的感情，往往只会事与愿违。

我比较赞同英文的“Yes，but...”结构，先接受对方的意见。例如，我们可以使用“我明白您想表达的意思，不过……”“是的，您提出的意见也有道理。如果我们再进一步，稍微转换一下思路的话，其实……”等语句，来表达自己接受对方意见的态度，然后再顺势提出自己的不同见解，这才是明智之举。

更聪明的做法是把对方的反对意见转换成肯定表达，然后再用问句的形式进行确认。这样做往往能使谈判进展得更加顺利。例如：“您

的意思是，只要 ×× 就可以了，对吗？”“也就是说，只要满足 ×× 条件，您就同意我的意见了是吗？”

说到底，这是一种转移谈话焦点的技巧，为了得出自己想要的结论而提出条件。例如，在做销售工作时被客户拒绝的情况很常见，这时很多人的反应往往是顺口说出：“不，那是……”其实，这样做反而会让客户更加抵触。当你听到客户说“这东西看着一点儿也不结实，而且我们家根本不需要！”的时候，比起直接回答“不，不是那样的。这个很结实，您买了绝对不会上当！”，更好的做法是对客户进行引导：“您说得非常对。这个东西看起来确实不太结实。那如果您觉得它足够结实，而且对您有用处的话，还是会考虑购买的对吗？”这是一个讲话的技巧。当然，要掌握这个技巧需要一个慢慢熟练的过程，一旦学会了就能事半功倍。下面还有几个例子，也是用肯定的方式来做出回应。读者们可以尝试一下（见图 5-4）。

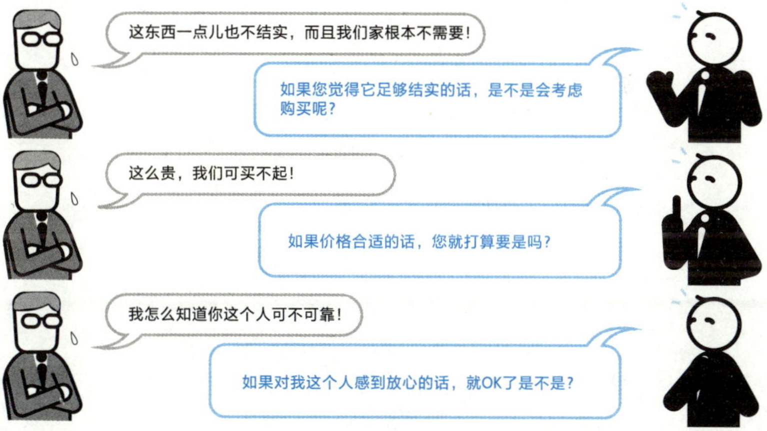

图 5-4　当被否定、被拒绝时，机会就来了

划重点

接受反对意见，将其转化为附带条件的疑问句，然后向对方确认，效果出奇地好。

采取以退为进的方式进行谈判

》把一决胜负的谈判交给专业人士

在人际交流中，难度最高的要数谈判了。我们一直想尽各种办法来取得谈判的胜利。市面上有不少题为“引出有利条件的谈判技巧”之类的书。我们将从事谈判工作的人称为“谈判专家”，同名电影曾经热映一时。他们在谈判中获胜，达到自己目的的样子简直帅极了。

无论是工作中还是私下里，我们都遇到过一决胜负的谈判。因此，掌握谈判技巧对我们来说并没有什么坏处。

然而实际情况并非如此，不管于公于私，谈判在大多数情况下都是一场持久战。真正遇到那种一决胜负的例子，借助律师或者谈判专家等专业人士之力才是上策。我们不清楚对方的实力，而且对方也有可能邀请专业人士来为自己代言。像我们这种没有什么谈判经验的外行，即使临时使用一些谈判技巧，也并不会提高胜率。

》在谈判中吃一点儿亏

我们每天都在谈判中度过。工作时，与同事、上司，以及客户进行谈判。私下里，也有各种谈判对手。能成为谈判对象的往往是长期和我们打交道的人。而且，谈判对象可能并不限于一人，也有多人的情况。例如，在提出软件的销售方案时，作为关键人物的项目负责人自不必说，对方的顶头上司及整个管理层，都将成为你的谈判对象。

我想告诉大家的是，以让对方获得一些好处为条件来进行谈判，从长远或者整体来看，对自己是非常有利的。将这一过程用图解法来表示就更好理解了（见图 5–5）。举个例子，假设在谈判中，自己和对方合计增加的财产数量为“10”。在如何分配这个“10”上，双方产生了争议……

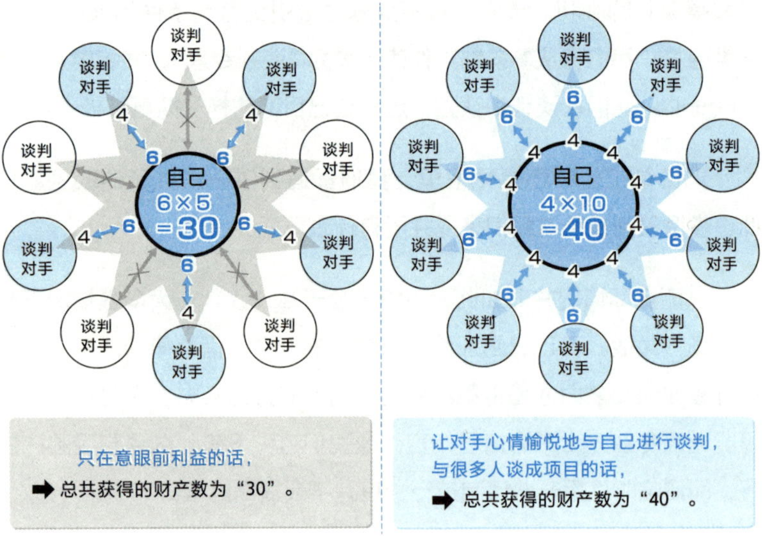

图 5–5 “以退为进”是可以做到的

一般情况下，我们往往会把目标定为“自己（+6）+ 对方（+4）”。因为这样才有获胜的感觉。不过我建议大家主动提出将 10 按照“自己（+4）+ 对方（+6）”的分配方式来分配。很明显，这一提议对对方是有利的，他们当然很乐意接受。

在这里我想提醒各位注意，谈判并不是一锤子买卖。我的下一步计划是，用上述方式与多个对手不断地完成一次又一次的谈判。假设有 10 个人，每一次谈判的结果都是“自己（+4）+ 对方（+6）=10”，那么你的财产总增加量为“4×10=40”。

反过来再看看谈判对手的情况，他获得了“6”的财产，当时肯定感到心满意足吧。但是，如果他按照同样的标准与其他人进行谈判，结果又会怎样呢？恐怕对方并不会轻易做出让步，谈判很可能会陷入僵局。当他花费大量时间与对方进行一次又一次的交涉时，我这边按照“10 中取 4”的标准，已经顺利完成了一次又一次谈判。

当我轻轻松松拿下 10 个客户时，谈判对手按照“10 中取 6”的标准，最多只能谈下 5 个（甚至只有 3 个）客户。将两者的总收益进行比较，结果如下：

- 自己：获利总数为“4×10=40”
- 对手：获利总数为“6×5=30”

》关注对手的心情

请你换位思考，体谅一下谈判对手的心情。当他被人拿走 6/10 后，心里会留下很不愉快的感觉。今后即使有赚钱的项目，他也可能提不起兴趣，甚至对谈判本身产生反感。

如果我们过于在意眼前的利益，不仅会延长谈判时间，还会让一个个谈判对手离我们远去。

从总量来看，能够得到的利益可能越来越少。也就是说，这种做法不适合持久战。

相反，前面提到的让对方获利的谈判方式，能够为我们争取到更多的客户，因而从结果来看，自己会得到很大的实惠。而且对手在谈判中看到我们做出让步，自然对我们产生好感，今后还会考虑继续跟我们合作，有助于实现长期的稳定盈利。

与其在一次谈判中取胜，还不如抓紧时间，与多人进行几场让对方愉快的谈判，这才是成功的捷径。

划重点

与有长期合作关系的对手谈判时，
要以让对方获利的方式来进行，通过
快速拿下多个客户的做法来实现整体的胜利。

对讨厌的人进行因式分解，削弱其存在感

》最好不要与那些难对付的人正面交锋

我们都希望自己开开心心地度过每一天，然而，有时却被别人的认可欲望以及个人私欲所包围，遭遇各种不愉快。

虽然很多人对“人性本善”这句话深表赞同，但脑海中总是会浮现出几个绝不肯原谅的人。这种情况可能出乎意料地多。

可悲的是，当一定数量的人形成组织时，里面总是会出现一部分自我意识极强的人，他们经常给周围的人添麻烦。与其为了逃避这些人而选择离开，还不如适时发挥理工科的冷静思维，提高自己的免疫力，顺利应对他们，才不会白白浪费时间。

问题是当我们被那些自我意识强的人所骚扰，或者成为他们“凡尔赛”的目标时，我们的内心会不断受到伤害，感到灰心丧气，实在无法忍受下去。如果遇到这种情况，那就把对方视为无生命的物体，忽略其存在吧。把他当作机器来看待，就不会影响我们的心理健康。

将对方视为无生命的物体，简单来说，就是把他看成一个被设定了恶劣性格的训练用机器人。既然是无生命的物体，它做出任何事情我们也不会感到生气，而且我们也会摆脱掉“遭受攻击”的受害者意识。更进一步而言，我们甚至可以将这一经历看作“自己得到了一个

锻炼的机会，未来会变得更加强大”的契机。

》将会给我们带来伤害的人看作输入与输出存在障碍的机器

能成为无生命化对象的人，就是那些会给我们带来危害的人，他们中很多人是非常聪明的。如果我们将“聪明”这一尺度的轴心与“自我（私欲）”这一强度的轴心，当作不同的东西来理解，就会更加明白。

最受欢迎的当然是聪明且自我意识不强的人。自我意识强又不聪明的人，自然会被团队排斥在外，也没有什么权力，所以不成问题。问题在于，那些聪明且自我意识极强的人，一旦取得发号施令的权力，就会形成一股无形的力量，让他们向目标锁定的人发泄私欲，这样一来事情就会变得很麻烦。进一步观察一下那些需要无生命化的人，会发现在他们身上，输入的部分和输出的部分中，总有一个是极端扭曲的，甚至两个都是如此。

从输入方面来说，为了对自己有利，他们会带着过滤器来把握状况，因此空有一副灵敏的大脑，却难以形成高性能的处理能力。而且，即使有的人能够准确把握实际状况，靠自己出色的能力构想出正确的解决对策，可到了输出这一步时，如果不加注意，也可能会毫不在意地伤害别人。

更糟糕的是，如果本人秉承“能干的人就是好人”这一信条，自负地认为自己的所思所想、所作所为都是优秀到无可挑剔的，而且是出于善意的，那就真的很麻烦，也很难对付了。

虽说他们输入时带着的过滤器很脏，输出的方法很幼稚，但别人要想纠正他们的错误却是极其困难的。倒不如说，即使纠正了，他们也不觉得自己是错的。

如果把上面提到的这种人看作输入输出存在障碍的机器，我们就会大大改变对他的看法，自己也能变得更加轻松。我们心底涌起的那股愤怒和痛恨也会随之减弱，而变成对对方的怜悯。也就是说，我们的心理能够免遭伤害。当然，最好的办法是和这种人保持距离，尽量不要进入他们的输出射程范围内。

» 创建一个能够顺畅沟通的团队

我们经常犯的一个错误是，在雇用人员或者加入团队时，往往只凭流程的优秀程度来做出选择。之所以会出现问题，大多是因为沟通不畅。

反过来，我们选择加入哪个团队也是一样的道理。加入之前最好先私下了解一番，看看在这个团队里是否能够顺利畅通地进行交流。当某个团队里存在着具备超强感召力的领导人时，请观察一下他周围的情况。如果是可以直言不讳的氛围，那就没有问题。如果气氛紧张，大家都不敢畅所欲言，那就要多加小心了。

遭人厌恶的人，被大家称为“怪物”。我在前面提到过，别人很难纠正他的错误，因此最好的做法就是将危险扼杀在萌芽状态，努力创造一个顺畅沟通的环境。

不过单靠个人的力量很难做到这一点。不容许傲慢行为存在的前提，就是不加入不能顺畅沟通的团队。万一不小心加入了，一定要想方设法避免状况进一步恶化（见图 5–6）。

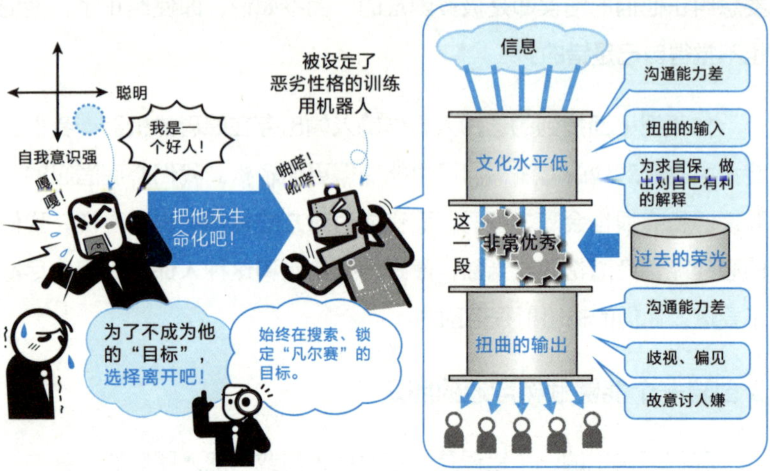

图 5-6　应当成为无生命化对象的是哪些人

划重点

如果被“凡尔赛”了,就把对方看作恶劣的机器人,不要让自己的心灵受到伤害。

接受咨询时，不要直接回答，而要进行概括

》咨询分为两种，想要答案还是寻求倾听

理工科出身的人有一个特点，他们会从世界上发生的一切现象中找出规律性，归纳为某种模式，然后编写方程式和法则，旨在提高再现性和应用性。再现性和应用性高的话，就能达到减少失败、增加成功概率的效果。

我自己也是一直这么想、这么做的。

近几年，来向我寻求咨询的人越来越多。大多数咨询者都是经由 Facebook 直接给我发送邮件。我每年利用写程序的工作间隙，与大约 120 位咨询者会面（包括线上），这个数量应该不算少了。接受咨询之后，“小匣子”（事例）的数量越来越多，“方程式”（建议）的精度得到提升，口碑逐渐建立起来，前来咨询的人更是不断增加。

其实这里面存在着理工科式的陷阱，那就是尝试解决所有的课题。这样一来，咨询者之中得到答案、心满意足的只有一半左右。因为其余一半人并不是来寻求答案的。

前者的典型例子，比如：

> 请帮我找出这个事业计划书中的遗漏。

我打算跳槽，这几家备选的公司中，选哪个好呢？

我受到流言蜚语的中伤，非常苦恼。怎样应对才是最好的呢？

这些都是在寻求正确答案，因此适用于理工科的方程式，我只需将他所认为的最好答案暗示出来就行了。

然而咨询案例中的另外一半却不是这样的情况。他们是为了整理自己大脑中的想法而来寻找一个倾听者。对于应该怎么做，咨询者的心里其实已经有了模糊的答案，但由于缺少可靠的证据，所以才以咨询的方式来寻求我的支持。

也就是说，这些咨询者只是希望我拍拍他的后背，加深他的判断而已。

其中，还有借着咨询之名，来向我吐槽、抱怨的情况。有的人只是想要一个倾听者，听他自言自语。更有甚者，只是为了寻求一个可以发泄心中怒气的对象。

如果对这些人使用方程式，告诉他们正确答案是什么，他们也几乎不会感到开心，更不会感谢我。

》提升自己的概括能力

努力做到善于倾听。“嗯嗯”或者“原来是这样”之类的随声附和还不够，需要在适当的时机概括对方所说的内容，并将其换一个说法：

也就是说，发生了 ×× 的事情，是吧？

总之，你的心情变得 ×× 了，对吧？

意思是，你主观上想选择 ××，但是还没有找到充足的理由，所以感到迷茫，是吗？

就像这样，用自己的语言将对方的谈话内容概括出来。这种概括对于咨询者是非常有用的，可以帮助他整理纷繁混乱的大脑，因为他的谈话是从别人的嘴里用不同的形式表达出来的，这能让他对自己有一个更强的客观认识。

对于这些不以寻求正确答案为目的的咨询者，对他的状况和情绪进行概括的做法，无疑更能让他产生一种被理解的满足感。

因此，提高自己的概括能力，可以让我们与周围的人的交流变得更加顺利。不仅仅是在咨询时，在所有的会话场合，它都能发挥出巨大的威力。

想提高概括能力就要从平时做起，试着养成将日常小事用自己的语言概括表达出来的习惯。例如，在公司负责会议记录的总结工作，就是一个很好的锻炼。如果其他同事觉得这项工作很麻烦，都不愿意做，那反倒是你的好机会。

经常做会议记录的人也会被周围人当作熟知情况的人，因此在团队成员中也很容易成为大家信赖的对象（见图 5-7）。

积极毛遂自荐写会议记录吧。

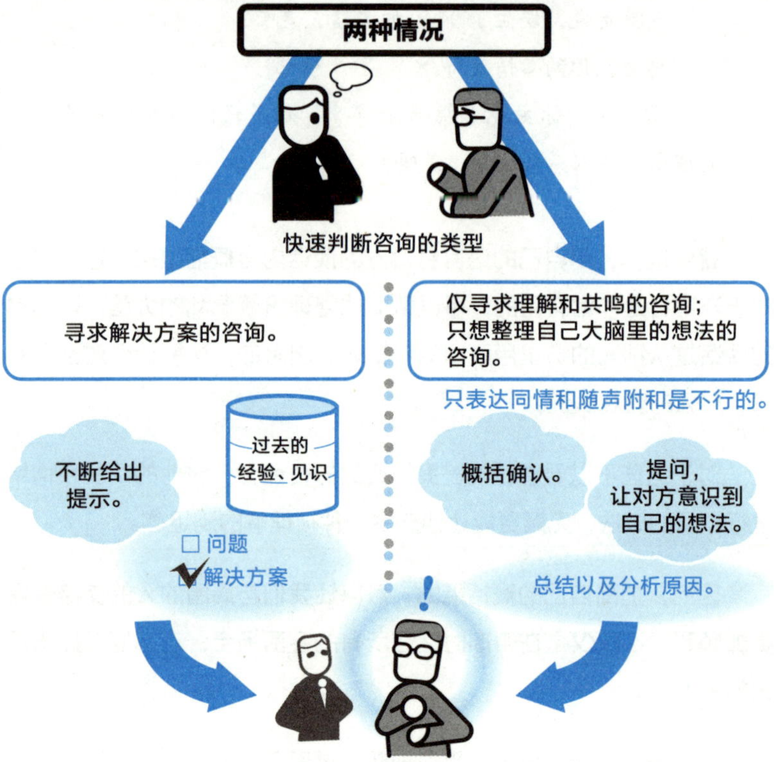

图 5-7　理工科式的擅长倾听

划重点

最高级别的倾听者，是既会附和又会概括的人。

在谈判陷入僵局时，给出选项

》循序渐进，把小的Yes连接成大的Yes

你听说过“foot in the door”这一技巧吗？它指的是在商谈过程中不知不觉地被对方套进去。因此，我希望你提早了解，做到防患于未然。

“foot in the door”的技巧充分抓住了人的心理。对方最初先向你提出几个简单的请求，既不费事也没有什么风险，当你连续回答了几次 Yes 之后，对方才提出真正想要请求的事情，到那个时候你已经很难拒绝了。

还有更巧妙的用法，比如提出捐款请求的例子。如果对方突然提出捐款的请求，我们肯定会表示拒绝。但如果对方使用了“foot in the door”的技巧，情况就完全不同了。他们最开始先跟你说“您只需签个名表示同意即可”或者“请允许我在您家大门贴上表示同意的贴纸”。然后，他们会在几天后向你提出捐款的请求，这样一来成功的概率就会陡然上升。因为你自己明明在几天前曾经说过“这是一个很好的活动”，表达了些许赞成的意思，因此这种场合之下很难把 No 说出口。

人们总是希望自己的语言和行动保持一致，在这种心理的驱使下，人们就必须把自己之前的行为正当化。“foot in the door”正是利用了人们的这一心理机制。

》利用说No的愧疚心理，引导人们说出Yes

与“foot in the door”正好相反，还存在着一种名为“door in the face”的技巧。它指的是最初先拜托别人去做一件看起来有些强人所难的事情，然后再提出自己真正的请求。

以借钱为例，一开始先跟对方提出“请借给我 100 万”，多次恳求无果遭到拒绝之后，再提出请求“那，能不能少借点儿，10 万也行”。而实际上，那个人一开始就打算借 10 万。

对方拒绝借给你 100 万时，他的心里是会有一些内疚感的，因此，当你把金额降到 10 万时，他就自然会萌生出“只有 10 万，要不就借给他吧”的想法。“door in the face”正是利用了这一心理来引导对方说出 Yes。

“door in the face”还有其他的种类。例如，在真正想让对方选择的目标之上，故意设置几个选项，让对方摇摆不定。在准备常规课程和高级课程时，为了让对方更倾向于选择高级课程，不妨在它的上面，设置出一个超高级课程，再增加一个行政课程就可以了。

人们往往对自己主动做出的选择比较满意。但是当选项过多时，就难以抉择了。

因此，4 个选项是最合适的。既希望以合理的价格买到自己想要的东西，又不想在他人面前表现得太过寒酸的我们，在面对这种四选一的题目时，往往倾向于选择倒数第二个（见图 5-8）。

图 5-8　做出选择的是客户自己

》把选择权交给对方

我们在讨论问题的过程中会遇到触礁的情况。特别是当选项太多时，对于各自的优缺点了解得越多就越难以抉择。无论哪一个都很难舍弃，说来说去还是得不出结论。我们去餐厅吃饭时也有同样的心理。面对琳琅满目的菜单，每一个菜看上去都很好吃，犹豫不决。这种情况下，将选项的范围缩小，更容易做出选择。

运用这个心理技巧最重要的一点是，千万不要直接给出结论，而要将最终的选择权交给对方。如果我们做出的选择结果被证明是错误的话，就会被人指责："看，都怪你吧。""这并不是我做出的选择"很容易成为对方逃避责任的借口。因此，为了让对方承担起责任，必须将最终的选择权交给他本人。

在此基础上，为了避免出现不希望看到的结果，我们要努力去进行引导。**将选择范围缩小到 4 个左右，且无论选择哪一个都能满足要求，这样做的结果，一定会让双方都感到满意。**

划重点

将选项确定为4个左右，
让对方做出最终的选择，这是关键。

用战术把关键人物拉进自己的阵营

》事前疏通并不是坏事

日本有“事前疏通”的文化。实际上，不仅仅是日本，世界各地都有这样的文化，不过对于日本人而言，事前疏通作为一种公私不分的成功习惯，好像更加根深蒂固。在事前疏通的行为中，也存在着理工科的技巧。

从合理性的角度考虑，事前疏通的做法并不公平，它会给人一种在弄虚作假的感觉。会议，顾名思义，会面之后再议事，因此应该在会场做出决定。事前疏通过了头，会议就会流于形式，这才是白白浪费时间。如果将时间全都耗费在事前疏通上，从而影响到了正常的工作，这就本末倒置了。

话虽如此，如果不进行事前疏通，开会时突然提出某个议题，不一定能得出期待的结论。**如果你强烈希望自己的主张在会议上被采纳，那么开会前至少和最有影响力的关键人物疏通一下比较好。**

》给有影响力的关键人物送去“甜言蜜语”

与关键人物提前疏通时，如果你直接提出请求：“我想在这次会议上提出这个方案，希望得到您的支持”，你猜结果会怎样？一个真正有实力、负责任的人，是绝对不会随口答应的。说不定他还会生出一副热心肠，当场对你的方案进行点评。如果他建议你对方案内容进行大范围的修改，或者要求你重新制作资料，因此耽误了重要的会议，那就事与愿违了。

理工科出身的我，在遇到这种情况时常用的方法是，直接跳过商量环节，牢牢掌控住对方。这么做是需要一些勇气的，不过你可以摆出一副若无其事的表情，用这种感觉来说：“我想在这次会议上提出这个方案。如果该方案被采纳，我们公司全体员工都能获得成功，因此希望您一定要支持我们。为了避免因误解而被驳回的情况发生，想请您给我提一些建议。×× 先生，换作您的话，打算按照什么样的流程来提出这个方案呢？”

上述沟通方式的关键在于，跳过了“能得到您的支持吗”这个确认环节，而是默认已经得到对方的支持，然后向其寻求具体的建议：“我该怎样做，才能得到大家的支持呢？”

也就是说，在是否得到对方的支持这一问题上，我们已经得到了肯定的回答，并以此为前提，引导对方站到自己这一边，与自己共同商量应对策略。

反过来说，如果能够跨越这一障碍，我们就成功了一大半。以我的经验来看，在这种场合，几乎没有关键人物会回答“NO”。已经成为伙伴的关键人物，一定会热情地给我们提出宝贵的意见和建议。当然，我们需诚恳地接受那些意见和建议，对会议上要提出的方案内容进行修改，使之更加完善。

这种大胆的事前疏通，在会议当天能发挥出巨大的威力。即使有人提出反对意见，关键人物也不会站在我们的对立面。在此前的沟通中，他跟我们已经有了同舟共济的感觉，而且在开会之前肯定也考虑过如何应对，因此一定会支持我们。

这个技巧在其他谈判场合，同样能发挥良好的效果。其核心在于让关键人物站在我们的立场，帮我们进行一次模拟演练。这样一来就能将关键人物变成我们的有力帮手。

既然要进行事前疏通，那就选择最有胜算的方法吧。下定决心，把关键人物拉进自己的阵营。不要说“请支持我”，而要说“如果您是我，如何来获取支持”，把对方和自己放在同一立场，以此为前提来寻求帮助，请你一定要好好掌握这个方法（见图 5–9）。

诀窍就在于，不要让对方做出评价，也不要和对方商量，而要让对方提出具体的建议，告诉你怎样做才有助于方案顺利通过。

图 5–9 如何获得关键人物的帮助

划重点

事先去找关键人物寻求解决问题的建议，
让他进入我们的阵营，为我们所用。

通过问卷调查，巧妙引导对方说出真实想法

》为什么多数人只勾选问卷调查中的正面选项

在本章最后一节，我想向各位介绍通过问卷调查引导对方说出真实想法的技巧。问卷虽然不是直接对话，但它也是一种重要的交流方式，不可小觑。

话虽如此，我们实际去做一下问卷调查就会明白，想要获得有价值的数据并不容易。只要假设一下自己是填写问卷的那个人，就不难想象结果会怎样。举个例子，假设有朋友介绍你去参加一个研讨会，会后要填写问卷，对研讨会内容的好坏进行 4 级评价。恐怕大多数人都会勾选最左侧的“很好”，或者左边第二个“好”这两个选项吧。因为对于大多数人而言，认真填写问卷本来就是一件麻烦事。另外就是对主办方的感谢之情，以及尽量避免做出负面评价的心理在发挥作用。

为了提高问卷填写率，主办方有时会给受访者赠送小礼品。于是，有的人仅仅为了得到这份小礼品而去填写问卷，然后不假思索地对所有题目均勾选了左侧的项目（评价最高的那一项），这种情况今后肯定会层出不穷。

公司定期对员工进行的“满意度调查”也是同样的情况。很多员工担心，如果把自己的真实想法写出来，之后万一被公司领导追查，

受到责备怎么办，所以大家索性只在正面评价项目上打钩。即使我们遵从内心，诚实地对需要改善的内容做出了标记，也会被公司要求："既然你认为这里有问题，那就拿出整改方案吧"，这很可能是一件费力不讨好的事情。如果提出的整改方案被采纳，还能体现出合作的意义，但也许因为这一点，自己会被贴上"那个人只知道抱怨"的标签。因此，大多数人为了避免产生麻烦都会直接勾选"好"这个选项。

》让问卷调查发挥真正的作用

受访者虽然心存不满，却什么也没有写下来，最终沉默着离开。这大概是问卷调查的可悲之处吧。真正愿意花时间认真填写问卷的人很少。结果，由于收到的问卷全都是正面评价，数据的精确性很低，主办方也只需完成一个形式主义的报告就万事大吉了。这种情况并不是个例。所以，即使个别受访者写了一点儿好的意见，也不会被主办方诚恳接受，演讲者当然也无法在现场做出反馈，最终只能稀里糊涂地结束。

于是，能够有效利用问卷调查来促进 PDCA 流程的例子，终究只是极少数。

》提高问卷调查的填写率和精确性

与其去做一个粗制滥造的问卷调查，还不如省下这个时间和功夫，在提供服务上多花些心思。但有时，提供服务的一方往往迫切地想了解客户的反应，希望进行数据统计。这种情况下，就不要利用短暂的空隙来做调查，专门安排出一个时间段让受访者填写调查问卷才是上策。例如，由调查者读出各个问题，然后让受访者当场填写。这样做，受访者就会产生一种被注视的感觉，有时间认真思考和回答内容，因此无疑能够提高问卷的填写率和精确度。

》让受访者表达出真实想法

造成这种恶性循环的原因，往往是主办方和受访者都不必承担责任。那么，我们不妨试着转换一下思路，想办法让对方负起责任，情况会发生改变吗？

例如改变题型设置，去掉问卷中的选择题，将之全部改为问答题。即使采用问答的题型，如果单纯让对方填写感想，也只能得到一些无关痛痒的评价。因此有必要在提问方式上下一番功夫。

举个例子，如果是有关产品和服务演讲会的问卷，可以试着这样提问："您会把今天在演讲会上听到的产品和服务推荐给其他人吗？"，或者"如果您打算推荐给其他人，具体会怎么跟他们说呢？"。

向他人推荐意味着要承担责任，因此就会少用一些虚伪的客套话和无关紧要的语言，更有可能把内心的真实想法表达出来。

我们还可以用下面的方式来提问：

> 您会把本店推荐给朋友吗？
> 您会向谁推荐呢？
> 如果您向朋友推荐本店的话，会怎样介绍呢？

虽然回收问卷的总数量不一定会增加，但毫无疑问，这样做能够得到更有价值的调查结果（见图 5-10）。

图 5-10　引导受访者写出真实想法的小技巧

》问卷中的投诉意见是最宝贵的财富

既然使用了问答的题型让受访者书写感想，那么就可以直接询问“请写出您参加本次活动的收获”。这样做能给受访者或者公司员工很大的鼓励。另外，我们可以在那些给予我们好评的客户身上期待自我暗示效果。客户是本着负责任的态度给出的好评，说不定他就在无意识间成了我们的粉丝。

面对上述询问，如果受访者不仅没有给出好评，反而写了一些投诉意见，那这些意见本身也是一笔宝贵的财富。他没有顺着我们的提问意图来写，而是提出了严厉的批评，毫不客气地指出我们需改进的地方，我们对此应该表示感谢。

像这样设置问题让受访者写出优点，无论得到的结果如何，我们都能从中获取到有用的信息。当然，也可以在问卷中直接询问："客户的好评，是对我们最大的鼓励，请将您感到满意的地方写下来。"而且，这类问题不仅适用于问卷调查，在与客户面对面交流时也可以采用。所以我们一定要好好钻研。

划重点

做问卷调查时，用"您打算如何向周围人推荐我们的店铺"的提问方式让受访者产生责任感，提高调查结果的精确度。

第6章

时间管理法

不在目标设定上花费过多时间

》减少无效时间，实现效率最大化

理性的思考不仅不能节约时间，反而会浪费时间。我们就以这个带有“自虐性”的话题开始本节的内容吧。

当我们不停地开会时，就有一种自己在工作的感觉，但也有很多人认为这只是错觉，是将毫无意义的时间不断进行重复。而且正是那些拿着高薪的管理者以及销售部门的人员经常召开会议，他们非常重视目标的设定，“这样也不行”“那样也不行”，讨论来讨论去，花费了大量时间。

如果有合理的数值目标，大家自然愿意接受，这也能够鼓舞士气，而且还能避免走冤枉路。这样就能形成一套合理的时间管理法，帮助我们节约时间。不过这一切都是以得出合理数值为前提的。问题是，我们要花费多长时间才能得出这一数值呢？

如果是对需求量进行预测那就很简单。依据之前的销量趋势，结合季节性等因素进行简单计算就能够得出。然而，如果要制订下一年度的销售目标，就很容易掺杂个人的主观意见，蹦出一些看似很有道理、实则毫无依据的数字，随后各方为了自圆其说而开始一场旷日持久的讨论。而且好不容易确定下来的数字，说不定在下次会议上被负责人用一句话就推翻了，然后一切从零开始，这样的窘境并不少见。

反正是要进行修改的，我们自然希望计算出更加合理的数值，但肯定会被问及明细以及相关背景，所以必须花费大量时间去做准备，结果就变成了与这种无用功之间的战斗。

据说日本有一家上市公司注意到了这个问题，于是做出决定，不在目标值设定上花费过多时间，只要数值合理、适当即可。这家公司制定了如下规则：目标值中只要包括经理喜欢的“1”和“4”两个数字就可以了。比如，资本金定为 1 414 万日元，成立纪念日定为 1 月 4 日，新的服务项目于每月 14 日 14 时发布，出差补贴定为每天 1 400 日元等，完全贯彻上述规则，这一做法令人拍手称绝。

这一举措能够极大地节约时间。只要没有大的出入，就不必在细节问题上过于纠结。而且不得不提的是，它并不会对公司业绩产生影响。

» 概算即可，速度优先

概算也许是理工科特有的一种思维方式。它是充分利用分布和误差等“面”来把握事物的思维方式。这种思维方式的特点在于，与准确性相比，更重要的是头脑中要有可容许偏差的意识，在做出决定前，要优先考虑速度。

举一个身边的例子吧，假设有 7 名男女一起去喝酒。采用 AA 制结账时，如果用总费用除以“7”，计算起来比较麻烦。这个时候，我们可以用“10”来做除数，问题就变得简单多了。计算出结果后，聪明的做法是，让几位女士先按上述费用买单，剩余的金额再按照男士的人数重新分配即可。

在商谈中，面对客户的提问，应避免做出“我先把数据带回公司，计算出具体结果后再告知您”的回答，而应该说“我估算了一下，大概是××元。您觉得这个金额怎么样？具体的数字等计算出来之后再告知您”。这样做能够大大加快商谈的进度。

有时，精细的逻辑性思考是在浪费时间，并没有什么实际意义。因为谁也不知道后面会发生什么变化，所以先大致估算一下即可（见图 6-1）。

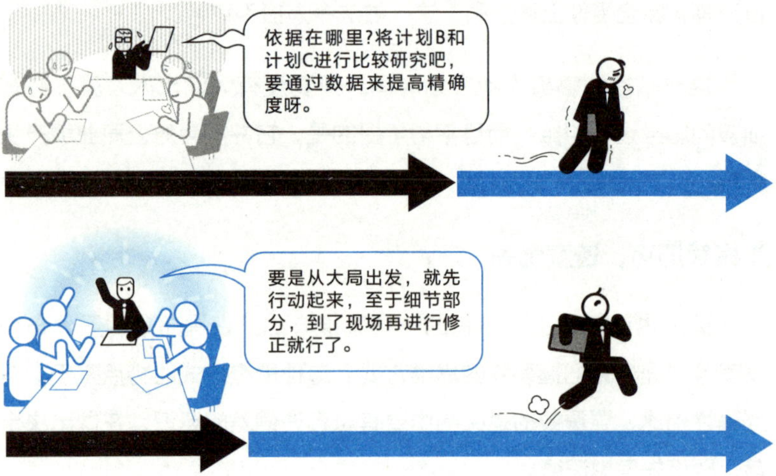

图 6-1　从大局出发，然后再提高精确度

在设定目标时，只要注意不偏离大局就行。细小的数字在这时并不是最紧要的，理解这一点并达成共识，能帮助我们节约大量时间。**在进行估算时，最重要的是先完成、先关注，这才是所向披靡的目标设定法，也是有效的时间管理法。**

划重点

在工作中，先通过估算来把握大局，然后再考虑提高精确度。

使用复制粘贴工具，让工作效率实现戏剧般的提升

》减少鼠标点击次数，大幅提升效率

随着计算机的普及，人们的工作效率与过去相比有了大幅提升。Excel、Word、PowerPoint 等办公软件已经成为我们工作中必备的工具。

邮件以及日程共享也是不可缺少的。有了邮件，我们的交流范围不局限于公司内部，还可以与客户进行频繁的交流。

打电话交谈需要考虑对方是否方便，而且双方必须在一个固定的时间段里交流。但邮件的不同之处在于可以利用闲暇的碎片时间进行交流，因此帮助我们节省了大量时间。

共享日程也能有效地节约时间。如果是面谈的话，人数越多，日程调整起来就越麻烦，会浪费大量的时间。

现在，得益于互联网的发展，我们可以实现日程的共享，这样就可以省去来来回回调整日程的麻烦。

互联网行业的进步，极大地提高了商业活动的效率，在这一发展过程中，个人能力成为影响工作效率的最关键因素，引起人们的广泛关注。

你是不是也产生过这样的疑问："我们明明做着一样的工作，他怎么那么快就完成了呢？"答案是，在那些频繁进行的工作中存在着提高效率的方法。

正因为是高频次的工作，所以只要稍微提升一下速度（效率化），就能大幅度削减工作时间。

就拿计算机操作来说吧，鼠标点击次数的一点小小差别，长期积累下来会产生天壤之别的结果。

接下来我要介绍的三个工具对提高效率会产生极大影响，因此也可以将它们称为"三大神器"。这"三大神器"分别是多复制工具、图像查看器以及文本编辑器。

下面我将一一介绍。

》利用多复制工具，轻松实现多个复制粘贴功能

复制粘贴可以说是计算机中使用率最高的一项操作。如果把转记过程中可能产生的错误风险也考虑在内就更是如此，只要能复制粘贴的地方，应尽量用复制粘贴的方法来操作。

然而很多时候，我们复制粘贴的量过于庞大，需要在两个页面之间不断地进行切换，先按下"Ctrl+C"键来复制当前页面指定的内容，然后再返回粘贴页面的相应字段中，按下"Ctrl+V"键来完成粘贴操作。这样反反复复的操作让人感到非常厌烦。

其实，有一些便捷的操作工具，能一次性记住多个复制项目，而且有的可以免费使用。

具体的操作方法是，在复制源页面按下“Ctrl+C”键，将你想要复制的项目一一复制下来，使计算机记住这些项目。具体数字可以自己设定，一般 30 个左右的项目是没有问题的。然后进入粘贴页面，按下提前设定好的快捷键（我使用的是“Ctrl+L”），就可以对复制过来的内容进行筛选，然后再粘贴上去就可以了。

使用这个工具进行复制粘贴时，我们只需要切换一次页面就能完成，因此能够大幅度提高工作效率。

》将复制粘贴功能用在固定套话上

这个工具更方便的地方在于，可以使用它提前注册多个固定句，然后轻而易举地复制粘贴。

只要将住址、电话号码、邮箱地址、所在部门签名等信息提前注册好，用起来就很方便了。例如，“非常感谢您平时的特别惠顾”之类平时不太用，又很难记住的一些固定套话，就非常适合注册之后直接复制。

拿我自己来说吧，我已经注册了一些自己在写程序时经常会用到的指令句式。

此外，说起来有些惭愧，我对目前流行的颜文字文化了解得不多，因此偶尔也会在这里注册几个颜文字来用一下。

如上所述，复制粘贴工具可以帮助我们省去文字输入的麻烦，节约大量的时间（见图 6-2）。

图 6-2　能够一次性记住多个复制项目的便捷工具

划重点

使用复制粘贴专用工具，可以使工作效率实现戏剧般的提升。

自如编辑图像和文本

》用图像编辑类应用快速处理图像

在工作和日常生活中，我们需要用到图像的场合越来越多。例如，向他人传递信息时，如果将文字连同图像一起发送过去，很多时候会更加快速。

另外，如果手机或计算机出现故障界面无法解决时，我们可以使用截屏的方式，或者通过发送彩信来寻求帮助。

不过直接发送原图的情况很少见。大多数时候我们都是先进行简单的编辑，然后再发送。比如为了缩小图像的尺寸而需要降低画质来重新保存，或者将图像中的多余部分剪裁掉，只保留指定范围。

计算机操作系统标配的图像查看器一般很难做到这些。因此，如果我们准备一个能对图像做简单加工处理的软件就很方便了。

有一些免费的图像查看软件具备上述编辑功能，因此一定要下载一个（见图 6–3）。

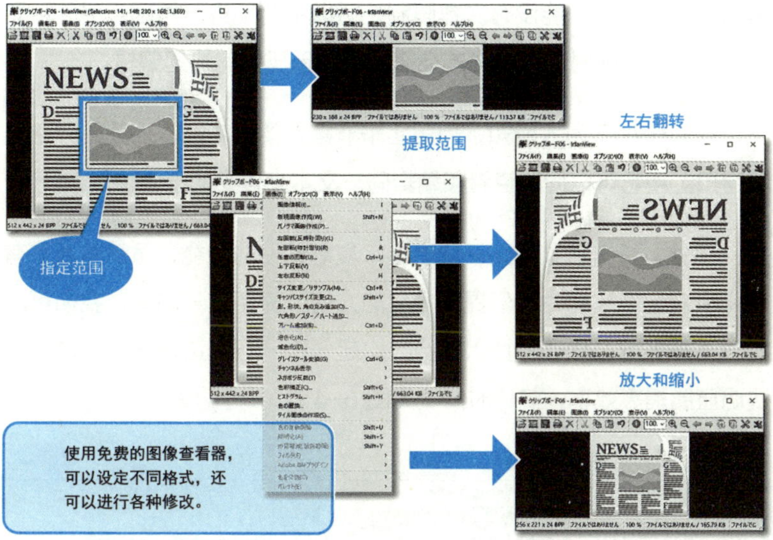

图 6-3 免费图像查看器的相应功能

» 熟练使用文本编辑器

在与他人的交流过程中，比图像更费事的就是文本。在上一节里，我们已经了解到多复制工具的强大功能，但很多时候，我们不能简单地复制粘贴，必须亲手打字。为了避免打错字，或者在输入过程中错误发送，很多人会选择在文本编辑器里打完草稿之后再将内容复制粘贴过去。万一不小心出错，就得花费大量时间恢复，所以利用复制粘贴是一个明智的选择。

但计算机标配的文本编辑器往往不能满足我们的使用需求。因此如能熟练运用具备一定功能的文本编辑器，就可以极大地提高工作效率。查找和替换功能自不必说，“撤回”（Ctrl+Z）功能也不能少。有的编辑工具对这一功能没有次数限制，可以不断地进行撤回。另外，有些编辑工具能够对庞大的文本数据进行毫无压力的快速编辑。

还有一种不为人所知，但用起来非常方便的功能，那就是分割显示窗口。用它可以同时查看和编辑同一文本文件中的不同位置。

此外，还有通过指定一块范围来复制粘贴的功能，虽然看起来有点儿小众，但是能为我们提供极大的方便。使用这一功能，我们可以同时错开多行、移动或插入多行，比起一行一行地进行编辑，这种方法明显能提高效率，节约时间（见图 6–4）。

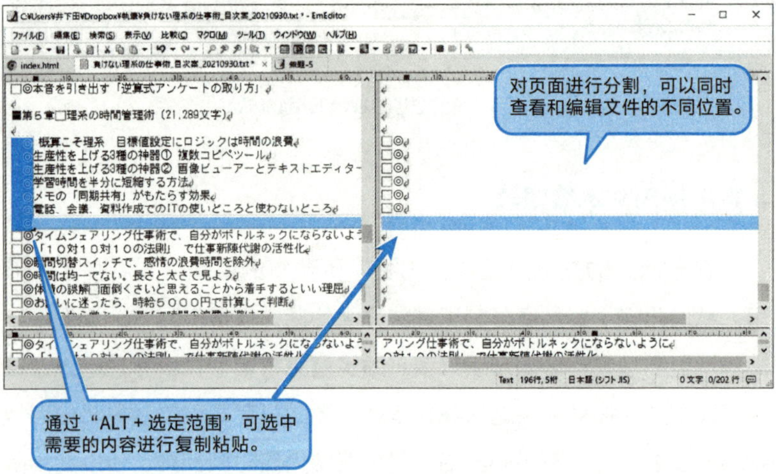

图 6–4　利用文本编辑器的功能提升效率

搭载了这些强大功能的编辑工具，自然没有供免费使用的道理。但是我们在面对计算机时，与文本打交道的时间是最长的，所以非常值得在这方面进行投入。

正所谓“聚沙成塔”，使用计算机进行高频次操作时，如果我们选择了一款能通过点击鼠标提升效率的工具，就可以大大节约时间。

划重点

对于图像查看器和文本编辑器，建议下载使用专业软件。

把学习时间缩短一半的技巧

» 利用网络和视频直播进行学习

在那些工作能力强的人身上，我们会看到一个共同特点，他们对于如何缩短和节约时间这件事，总是保持着高度的关注，比如当他们感到“说不定这个方法能行”时，就会积极地去尝试。

互联网行业此前的发展一直以输出为中心，因此节约时间也是以改善输出为主。办公软件便是其中的一个代表，有了它，写报告、作图、制表等工作效率得到了极大的提升，这一点是不言而喻的。

然而在如今的互联网行业里，一场输入方面的变革正在悄然发生。我们在报纸上经常看到的“IoT”（物联网）一词，指的正是这个。它是一种使用传感器，是让机器帮我们将各种信息以数字的方式进行输入的机制。此外，还有语音识别、通过OCR来进行文字识别等其他代表性的例子。不过从更加私人的角度来看，我们最想要节约的不就是学习时间吗？

提到个人学习，参加研讨会、在网络平台上观看学习视频和读书等，是最具代表性的例子吧。

研讨会是在现场仔细听老师讲课的一种学习方式，互联网的参与度很有限，似乎找不到可以节约时间的因素，但是如今情况已经发生了变化。使用 Zoom 进行在线视频直播（Webinar，即网络研讨会）的模式已逐渐普及开来，而且随着网速的提高，流畅度和清晰度都有了很大的保障，人们可以毫无压力地观看，不必在路上来回奔波，从这个意义来说，在线直播也是一种节约时间的有效方式。

》用倍速观看的方法学习，提升注意力

利用网络平台学习的人数在不断增加。但是你知道网络平台是可以设定 2 倍速播放的吗？使用 2 倍速播放，我们可以将学习时间缩短一半，效果非常明显。看 1 小时的视频稍微有点儿拖沓，在时间安排上也需要煞费苦心，而如果换成 30 分钟的话，事情就好办多了。

使用 2 倍速播放还能产生一个附加效果——提高注意力，因为不集中注意力的话就会错过重要内容。全神贯注地学习有助于提高记忆力，因此我建议一定要将播放速度设置成 2 倍速。

在学习的过程中，很多人都会用到书。书与研讨会和视频的不同之处在于，人们在看书的时候可以随意开始，也可以随意停下，而且在电车里也能轻松阅读。还有，由于看书并不会发出声响，因此我们不需要顾虑四周。

在阅读方面，我的建议是使用电子书。可能刚开始大家会有一些抵触情绪，但其实很多转向电子书的人都一致认为习惯了就好。

》用电子书代替纸质书进行学习

与阅读纸质书相比，人们阅读电子书的速度可以提高 1 倍，这一

点令人不可思议。我发现主要原因在于电子书不需要翻页。

另外，阅读纸质书时，左边的页面和右边的页面都会进入视野中，左右的横向宽度会变大，阅读时会不自觉地加入面部动作，而电子书不同，只需要根据页面大小来移动视线就可以阅读该页的内容，这也会对阅读时间产生影响。

由于电子书可以改变文字大小，所以阅读起来非常轻松。而且出现网址链接时可以直接点击查看，非常方便；而纸质书就需要使用计算机或者手机输入网址之后才能查看。

此外，电子书体积小，便于携带。它可以容纳多部图书，非常节约空间（见图 6–5）。

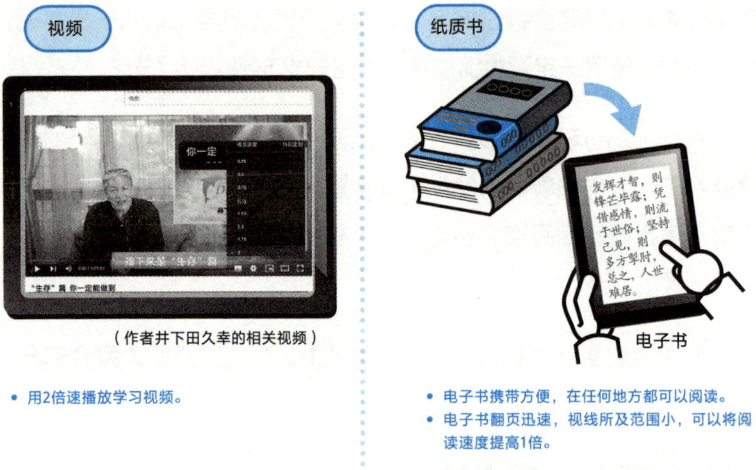

图 6–5　缩短学习时间的两种方式

我每年会阅读 50 多本书，如果阅读书目中有可供选择的电子书，我会毫不犹豫地购买。

我们总是在千方百计地节约时间，其实在输入环节还有很大的提升空间。我们一定要在这一方面保持高度的敏锐性。

划重点

用网络平台2倍速播放学习视频、阅读电子书，能将学习时间缩减一半。

同步共享灵感和笔记

» 随时随地共享数据和灵感

系统手册一度非常流行，日程计划、通讯录以及其他的笔记全部记录在内，被列为商务人士必备的随身物品之一。不过如今很难看到这种系统手册了，智能手机的普及对此产生了很大的影响。例如通讯录，只要把联系人的号码存在手机里，打电话就变得非常简单轻松，因此，系统手册就完全没有了用武之地。

至于日程管理，由于存在个人差异，无法一概而论，不过很多人选择在谷歌等网络服务器上注册，直接在手机端查看。只不过必须保证通信信号良好、网络畅通才能正常使用，这也是它的不便之处。于是，同步通信技术的出现，为我们带来了极大的便利。这种技术不需要联网也可以操作，当连接网络时，它能够与服务器进行通信，实现同步。

有了这一技术，我们就无须考虑通信信号和网络环境如何，随时随地都可以进行操作，外出时把大脑中闪现的灵感记录下来，等到回家之后，打开计算机就可以同步显示出来，非常方便。

过去，我们在出门前会通过邮件把一些需要用到的文件转发给自己，而现在省去了这一麻烦的步骤，可以大大缩短时间。例如，如果将手机拍摄的照片使用同步通信技术软件来联机操作的话，就能自动发送到计算机上，不需要我们逐一手动发送。有一款叫作“Dropbox”的知名软件，大多数情况下可以提供一定的存储量（不超过 5GB）供免费使用。

工作能力强的人，无论到哪里，都想要充分利用各种间隙和碎片时间来工作。即使身处无法正常工作的环境，他们也希望至少可以边看资料边思考。有很多人正是在电车等移动空间内思考问题的。而且他们不知道何时就会迸发出灵感，离开家或办公室之前根本无法做好万全的准备。在这种情况下，同步软件会将数据自动传送过来，打开手机做好记录之后，再确认更新就可以了，非常方便，这样做也能为我们节约大量的时间。特别是在工作中，灵感就是生命，我们需要一个能迅速记录灵感的工具（见图 6-6）。

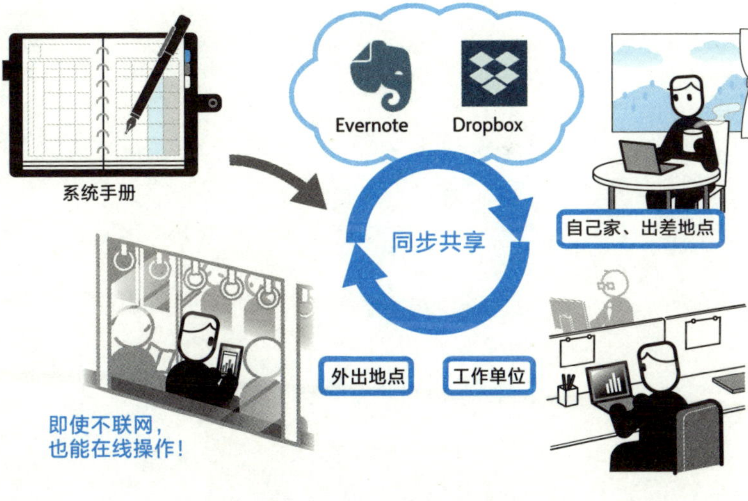

图 6-6　推荐的同步共享软件

划重点

灵感可以随时在云端记录下来。

灵活运用电话、邮件及商务交流工具

》不要在开会和制作资料上花费过多时间

我们都知道，交流的时间是非常宝贵的，而支撑交流内容的资料也同等重要。但事实上，一味地增加交流时间，反而会使工作效率大打折扣。

我曾任职的一家大企业软件开发部门对业务内容在工作时间中所占的比重进行过统计，这个部门给人一种面对计算机默默工作的强烈印象，然而统计结果显示，他们用于开会和制作资料的时间竟然占了工作总时间的六成。明明是生产部门，间接工作时间却超过了一半，这是一个可怕的事实。如何实现高效的交流，可以说是企业面临的最大课题。

在本节，我将为你介绍一些对交流有帮助的互联网思维。

》尝试新的商务交流工具

是该打电话还是该发邮件，我们有时会犹豫不决。邮件的优点是可以进行非同步交流，不必像打电话那样突然占用对方的时间，而且也可以在自己空闲的时候写邮件，做到有效利用时间。

打电话不会留下记录，因此有可能引发“说了”还是“没说”的纠纷。呼叫中心服务如今也停止了电话业务，一些企业开始用邮件和网络聊天工具代替电话，甚至有的企业连办公室的电话也弃置不用了。

另外，交流工具过于依赖互联网，有时反而会降低工作效率。邮件虽然可以反复阅读，但也正因为如此，发件方会在遣词造句和格式方面花费大量功夫。而且遇到紧急情况时，也不能完全依赖邮件，因为你根本不知道对方什么时候才会阅读。

对于重要的事项，我们需要综合考虑紧急性、周到性、记录性等因素来判断使用哪种交流方式最合适。

如今，有一款被广泛使用的商务聊天工具，它在普通聊天工具中加入了安全（保护安全）功能，也可以用于商务场合。

当我们发出信息后，对方会收到语音提醒，使用手机也可以轻松操作，因此比邮件的即时性更强。而且双方互相收发过一次信息之后，就可以像日常对话那样连续交流，无须在文字和格式上花费时间，实时性高，非常方便。它大概是介于电话和邮件之间的位置，今后使用这种商务聊天工具的人肯定会越来越多。

美国一项调查显示，大学毕业生中用文字进行交流的时间高达98.4%，而使用语音进行交流的时间则只有1.6%。作为一种高效率的交流手段，商务聊天工具今后一定会更加普及、更加深入人心（见图6-7）。

希望我们都能充分了解上述各种交流工具的特点，并根据具体情况区分使用，实现高效交流。

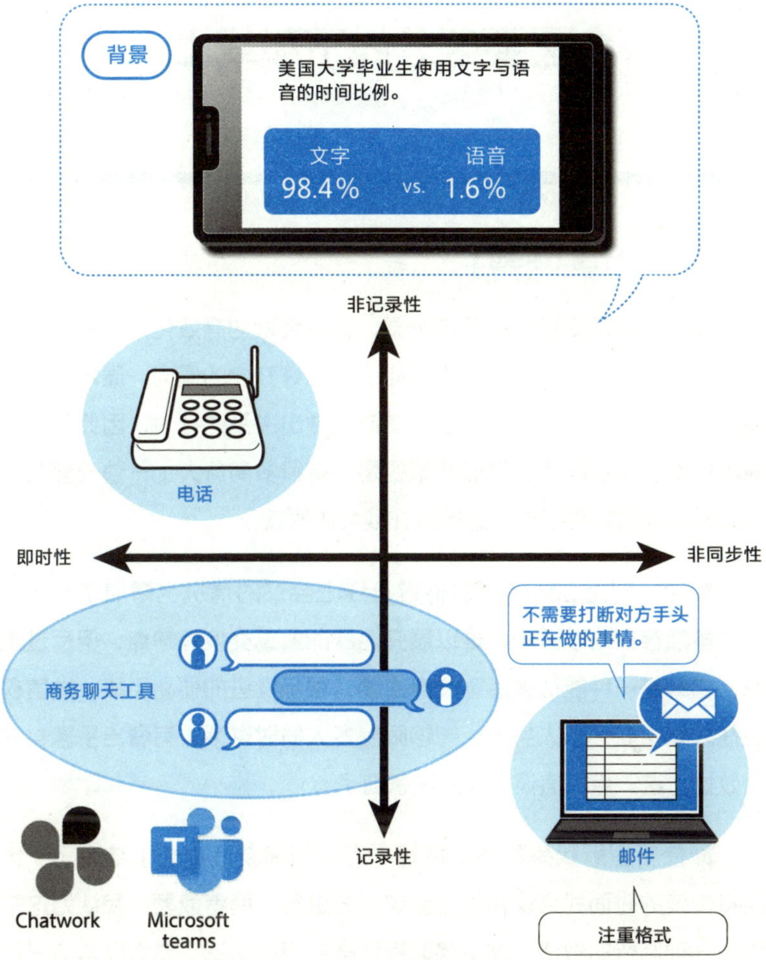

图 6-7　不同交流工具的特点

划重点

商务聊天工具对提高工作效率有极大的贡献。

开会需要区分线下和线上

》会议要区分线下和线上

从工作时间高效化的观点来看，实现会议的高效化可以说也是一个重要的课题。特别是日本人，似乎有偏好开会的倾向。原本，开会是以提高业务效率为目的而进行交流、做出决策的行为，因此开会时间本应属于投资时间。然而遗憾的是，有很多商务人士一整天都在开会，并认为这就是工作，这简直让我大跌眼镜。

如今，利用 Zoom 等软件进行线上会议的情况也增加了。线上会议虽然存在难以闲聊、难以展开活跃的意见交换等缺点，但反过来说，它却是一种能让谈话不脱离主题，缓步推进的便利手段。发言权往往只集中在一个人身上，能够限制多人同时讲话，有着出乎意料的高效性，这一点相信很多人都注意到了。

即使新型冠状病毒感染疫情（后文简称新冠疫情）结束了，也要将传统的碰面式会议和线上会议分开进行，两者兼顾，我认为这不失为一种明智的做法。像头脑风暴那样的观点交锋，或者以营造一体感、增强凝聚力为目标的聚会，还是选择碰面比较好。如果只是为了说明或决议而召开的会议，采取线上方式也是不错的选择。

在开会方面，我还想提一下会议记录的高效化问题。会议记录是由主持人或者办公室成员在会议结束之后撰写完成，提交给会议参加者的一份会议总结（概要）。然而由于决议事项被随意总结而导致他人产生误解、发生争执的例子，在现实中也时有发生，处理这些事情有时甚至会浪费大量的时间。对此，我建议开会时当着所有参加者的面来完成会议记录，这样做也容易达成一致意见，有助于提高效率。最理想的状态就是，大屏幕上播放着计算机画面，记录者随时将会议中的决议事项记录下来。这正是互联网技术为节约时间做出贡献的地方。如今也出现了专门用于书写会议记录的工具软件。

》制作过于华丽的资料是在浪费时间

我想从时间管理法的观点，就如何准备会议资料说一说自己的看法。因为准备会议资料需要的时间也相当多。我经常听到这样的例子，十几名员工为了准备第二天的会议熬夜奋战，做出了几十页非常漂亮的资料，然而最终只有 5 页派上了用场，其他都白白浪费了，真是让人欲哭无泪。

如今，人们可以使用 PowerPoint 和 Excel 等软件做出非常漂亮的资料。有些上司往往喜欢对 Excel 表格边框线的粗细、PowerPoint 里的文字排版、色彩搭配等表面部分大加评论，严格要求。要是对资料内容的好坏或者应该传递的信息进行评价，那就是有意义的会议，然而，只关注格式、浪费大量时间的例子却屡见不鲜。

如果上司让部下准备资料时，做出公司内部资料可以手写的指示，那么这个团队的工作效率肯定会提升。面向外部的资料或者誊抄的资料，为了今后查阅时能准确理解内容，可以使用 Office 办公软件做得清晰、美观一些。而尚处于试错阶段的公司内部会议所用的资料，完全可以手写。即使运用办公软件制作资料，我也希望各位能够贯彻不注重外观的原则，营造出一种重视速度的文化氛围。这样有助于调动员工的积极性，使团队变得高效（见图 6-8）。

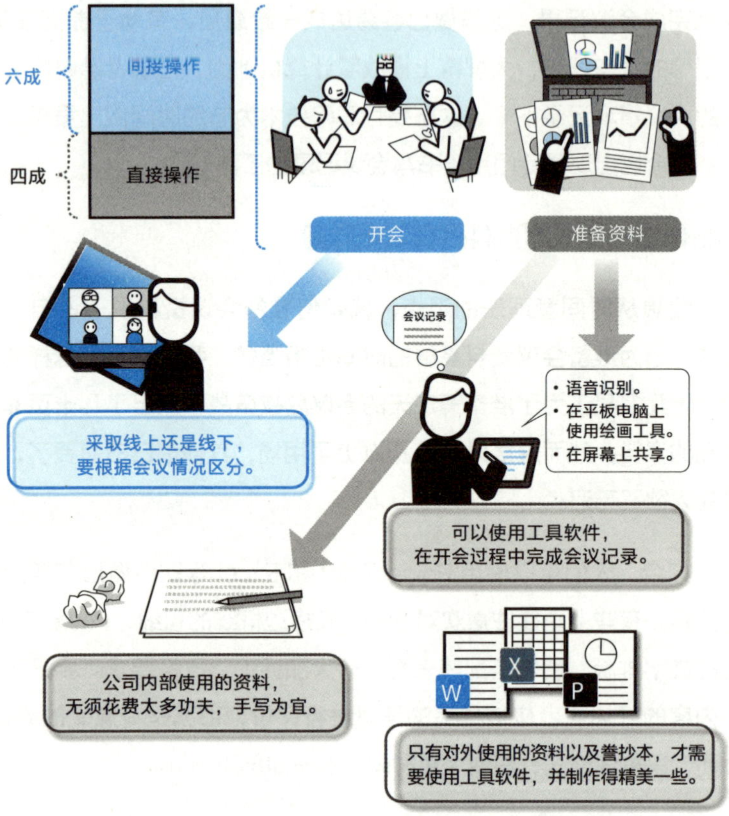

图 6-8　在开会、准备会议资料的过程中，区分使用互联网技术

划重点

将手写资料和誊抄资料区分开，减少会议的准备时间。

合理安排工作流程和顺序，避免出现瓶颈

» 让自己形成和计算机一样的思考回路

打开计算机入门教程，我们会看到一些平时生活中不太熟悉、独特的名称，如“模拟记忆”“交换”“时间共享”“多重编程”等。

非理工科出身的人，对于这一类术语大多会感到困惑不解，但这只是命名的问题而已。如果搞明白它们的运行结构就会发现，其实这些和普通的时间管理法在技术上并没有什么区别。其中的多重编程是与节约时间有直接关系的一个重要方法和结构。下面我来介绍一下。

其实人和计算机一样，如果让一个人按顺序逐一完成多项工作，效率会很低。例如，从组织会议到写会议记录的这一过程，请你思考一下，如果按照正常顺序严格执行，一般要包括如下几个步骤：

1. 制作会议需要的资料。
2. 如果强烈希望 A 参加会议，先与他取得联系；如果 A 不在，就等着他的回信。
3. 确定了 A 的时间之后，再用同样的方式，与下一位希望邀请参会的 B 取得联系，如果 B 不在，等他回信。
4. 与全体参会成员联系；告知会议的具体安排。
5. 召开会议。在讨论的过程中出现了需要 C（不参会）确认的事项。

6. 会后与 C 取得联系，如果出现了推翻前提的结果，需重新组织会议。
7. 做会议记录并发送给相关人员。

如果按照上面这 7 个步骤来做，将毫无效率可言。其中的 2、3、5 三个步骤，需要与他人联系，因此如果对方不在的话，除了等待什么都做不了。

计算机也是一样，除了中央处理器（CPU）处理工作以外，还要输出到打印机、在磁盘上读写、显示在终端上等待人类指令。

这个时候就轮到理工科思维出场了。我一直在考虑，把工作交给他人处理之后的这段时间，怎样才能减少无意义的等待。

我的做法是，能交给别人做的工作就尽管放手，在等待期间去做自己能做的事情。

以前面提到的会议为例，我们先做 2 和 3 两项工作，然后利用这段等待的时间来完成步骤 1，即制作会议资料。

计算机也是相同的原理。等待人类输入或者等待输出到打印机很浪费时间，所以在这段时间，它也会不断地切换程序，悄悄地完成各项工作。这就是多重编程。

» 像扔飞镖一样，放心把工作交给他人

我们观察一下那些善于处理工作的人就会发现，他们往往从一开始就把一些能拜托别人去做、能依靠别人完成的事情，痛痛快快地交

给别人去做。这简直就像扔飞镖一样（见图6-9）。飞镖不在他们手里时，他们也会专注于自己的工作，等飞镖回来时再进行确认和处理，然后继续扔出去，不断重复这一操作。

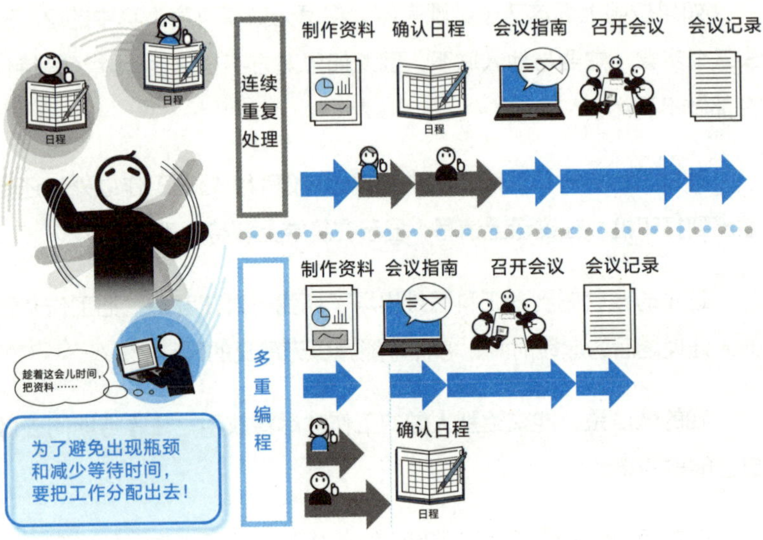

图 6-9 把工作当成扔飞镖，工作会进展得更加顺利

不过，有一点必须注意。人与机器不同，集中注意力达到最好状态是需要一定时间的。切换到不同的工作之后立刻就能开足马力的人，完全可以把工作进行细分，使用多重编程就好了。只是还有一些人属于切换时需要花费一定时间的类型。如果你是这种类型的人，在一项完整的工作结束前，最好不要切换，否则会影响工作效率。每个人的个性特点不同，所以一定要注意各自度的把握。

不过在实际中我们会发现，那些工作能力不强的人往往把等待回复作为借口，停下手里的活，什么都不做。

关键在于要找准瓶颈在哪里，为了避免瓶颈的出现而提前做好准备。为此，我们需要将工作细化，并具备一定的灵活性，以便适时对工作流程和顺序进行调整。

划重点

把要交给别人做的工作先安排出去，然后专注于自己的工作。

在输出、输入和休息之间保持平衡

》注意时间的“新陈代谢”

这个世界上存在两类人，一类是被时间追赶的人，另一类是主宰时间的人。看看那些被时间追赶的人，每天的工作堆积如山，一直在埋头苦干，然而不知为何，他们的效率似乎并不高。相反，那些能够主宰时间的人虽然看起来不慌不忙，但他们的工作效率出奇地高。你有没有对此感到不可思议呢？

特别是有着“工蜂”之称的日本人，将睡觉和吃饭以外的时间全都用来工作是司空见惯的，那些连周末和节假日也不休息、正常上班的人会得到大家的称赞。这股风潮已经持续了很久。但实际上，长时间连续工作会导致注意力下降、效率急速下滑。这就是典型的被时间追赶的例子。

不过，其他国家也存在很多拼命工作的商务人士，丝毫不输给日本人，他们同样废寝忘食地努力工作，具有超乎寻常的注意力。只是据我所见，那些人并没有被时间追着的感觉。

为什么会产生这种差异呢？秘密就在自己与时间的“新陈代谢”里。从时间的使用方式来看，会工作的人和不会工作的人在如何安排工作之外的时间上存在着非常明显的差异。

》合理分配输出、输入和休息

将输出、输入和休息进行均等分配，是一种高效的做法。打个比方，每个月有 30 天，其中 10 天用于输出（工作），10 天用于输入（自我投资），其余 10 天则用来休息。这种节奏达到了最好的平衡，时间安排充实，而且有助于取得成绩。这个方法极其简单，但能够保持这一节奏的人却出乎意料地少。

你可能认为 10 天的休息时间是最难保证的，但实际情况正好相反，我们有很长时间都在休息。一个月里，周六和周日的时间加起来超过了 8 天。再加上法定节假日、带薪假期等，一般每个月都能休息 10 天。

在这 30 天里，除去 10 天的休息日，将其余的 20 天全部用来埋头工作的"工蜂"非常多。在这种情况下，为了保证每个月有 10 天的输入时间（假设每周工作 5 天），而将每个月 20 天左右的工作时间减少一半，这是很不现实的。

在保持 20 天工作时间的现状下，如何增加输入（自我投资）时间，是需要我们下一番功夫的。

如今，很多企业为了提高员工的工作效率，给他们提供了更多的输入时间。我曾就职的 IBM 公司就是这样，他们的年度目标设定中一定会包含"技能提升"这一项。公司为员工准备了许多教育类课程，我记得自己曾被强制要求上了几十天的课。这种做法在当时是非常先进的。

另外，谷歌的"20% 规则"也很有名。将工作时间的 20% 用于自己喜欢的事情，在那段时间中诞生出来的想法有很多促成了热门商品的推出。

将输出、输入和休息均等分配的方法，被称为“10：10：10 法则”，是时间管理的黄金比例。不仅商务人士注意到了这一法则，企业也被要求积极推动这一法则，使其深入员工的内心。

当然，与输入同等重要的休息时间，也必须有意识地加以保障，这一点不需要多说。因为，当我们暂时停下工作和学习，让大脑休息一会儿，将注意力集中到完全不同的事情上时，大脑就会进行自我整理。在休息期间，大脑会无意识地进行思维整理，帮助我们消除疲劳，恢复精神。

很多时候，新想法、好点子都是在休息时间里萌生出来的，因此，你完全可以光明正大地享受休息时间，而不必有任何的愧疚感。

另外，除了工作狂、学习狂，还有一类被称为“研讨会吉普赛（赶场子）”的人，在追求独立的家庭主妇以及上班族中比较常见。由于信息输入占用了他们太多的时间，因此他们看起来并没有掌握将所学东西进行有效输出的方法，也没有时间掌握。

先输入，再输出，这个循环很重要，它也是一种“新陈代谢”。

近几年，国家和企业都在推行工作方式改革。我们一定要紧跟这股潮流，注意平衡好时间的分配，防止工作过度，更不要让自己成为工作狂（见图 6-10）。

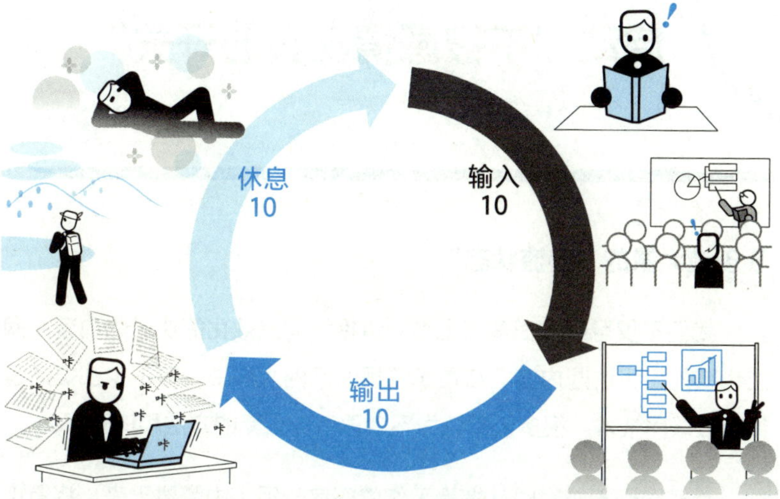

图 6-10 “10：10：10 法则”是时间管理的黄金比例

划重点

是否能保持输出、输入和休息三者之间的平衡，将决定你工作效率的高低。

启动“不被感情左右的开关”

》创造大量的“心流状态”

我们不仅可以在很多书上看到讲授时间高效化的诀窍的内容，网上也随处可见这些内容。在擅长管理时间的人群中，有不少都灵活运用了互联网技术。很多人都认为不会再有什么新的方法和诀窍了。

其实我们不妨暂时从提高工作效率这一观点中脱离出来，将重点转移到自己认为浪费时间的方面，然后试着思考有什么办法可以减少这种浪费，也就是说，让自己成为一个立刻行动的人。

人的潜力是无穷的，当你进入能够集中精力的“心流状态”时，就能发挥出巨大的能动性。很多人都会喜欢那个专注的自己，当意识到自己的引擎启动太耗时，有不少人会陷入自我厌恶的状态。

有的人会感叹自己的切换能力太差。例如，正在工作时，突然有人跟你说话，这时注意力就会受到干扰，很难再次回到“心流状态”，因此感到心烦意乱。你是不是也有这样的烦恼呢?

当我们陷入困境时，或者开心得忘乎所以时，即使被什么事情打断，一般也能迅速进入“心流状态”。要是我们能自由掌控这个开关就好了。

》将“启动键”交给自己以外的人按下

其实，妨碍你进入“心流状态”的正是你自己，因为有感情这一“魔鬼”的存在。比如说，当你想让自己放松一下或者心里有放不下的事情时，这种情绪就会交织在大脑中，使你停下手里的工作。“如果不早点儿申请那个活动的话……”“对那个家伙当时的行为感到怒不可遏”“那个备受欢迎的节目马上就要开始了”，当这些感情在大脑中不断盘旋时，我们就很难开启工作的马达。

尤其当你在做自己比较讨厌的工作时，这种情况就更加明显了。在开始工作前，要么突然开始整理一些无关紧要的资料，要么先给自己送上一份奖励：“等我吃完这个，就开始工作。”虽然明知一件事只要开始做了，肯定能顺利完成，没有多么费劲，但还是像小时候写暑假作业那样，总是能拖就拖。

例如，为了保持身体健康，我每天要做 200 次腹肌练习。这实在不是一件舒服的事情，所以我时常会拖延。每次下定决心，仰面躺下，但迟迟不愿开始。但是就这么躺着，什么都不做，白白浪费时间，就会使我产生强烈的自我厌恶感。

于是我想出了一个办法，那就是像机器人一样，启动“瞬间切换开关”。在躺下的瞬间，我按下手机上计时器程序的“开始”按钮。这个计时器具有时间提醒的功能，从开始计时到 200 次腹肌练习结束的时间间隔，它都会通知。

也就是说，一旦开始计时，我必须持续不断地练习，才能赶上它的节奏。启动开关并且坚持到最后完成，这是一套结构化的程序。只要开始了第一个动作，就必须一直做下去，这样做能够大大减少时间的浪费。只要想办法消除感情因素的影响就可以了，这是最重要的。

我举的是自己练习腹肌的例子，如果你每天也有什么必须完成的例行事项，可以拜托某个朋友或熟人，在例行事项开始时给你打个电话。如果担心自己在家里会偷懒，选择一家咖啡店去做例行事项也未尝不可。消除感情因素的影响，建立一套借助其他人或者机器来约束自己的模式，成为一个立刻行动的人，诀窍就在于创造出一个让第三方来约束自己的环境（见图 6–11）。

图 6–11 消除感情因素的影响，成为一个立刻行动的人

划重点

不要被多余的感情左右，
对“启动键”做出反应很重要。

根据时间的宽度来分配工作

》调整周一到周五的工作节奏和内容

善于利用时间的人并不是只看时间的长度，他们也会考虑时间的宽度。例如，很多人从周初到周末，工作效率会产生有节奏的变化。

如果周六和周日休息，一般来说会出现如下的倾向：

- 周一是发动机启动的日子，从这个意义上来说，适合多加入一些事务性工作和商谈。
- 周二是一周当中精力最充沛的日子，可以精神百倍地投入工作。
- 周四是最容易产生疲惫感的日子，不适合完成有难度的工作。
- 到了周五，因为第二天就能休息，所以会绷紧弦，努力工作。

顺便说一下，为了保持身体健康，我每周都去游泳。这是我 20 多岁就养成的习惯，即使成为上市企业的执行董事之后，也从来没有中断。我当时简直忙得不可开交，也对偷偷溜出公司去游泳的行为感到厌恶。于是我就告诉周围人周一晚上是我的游泳日，然后光明正大地去游泳。我之所以选择周一，是因为周初的时候一般很少有突发性的工作需要处理，最容易进行调整。当周围人了解了我的这一习惯之后，他们都非常善解人意，尽量不在周一晚上安排会议，真是帮了我的大忙。

有意思的是，游完泳的当天晚上，我全身的细胞变得异常兴奋，根本睡不着觉。于是，我尽量把一些需要自己独立完成的工作放到周一晚上来做。注意力高度集中，效率也随之提高了。

》让一天的工作变得张弛有度

从时间的宽度这一意义上来说，我们的一天当中，有效率高的时间段，也有效率低的时间段。早晨刚刚起床后充满活力的 1 小时，与傍晚时分疲惫不堪的 1 小时，在价值上存在着两倍以上的差距。

从公司退休后，我在时间安排上有了更多自主性，早晨的时间一般用来写写背背，然后抽出一整块时间集中精力做自己喜欢的工作。反过来，在午饭后容易犯困的时间段，以及晚上因疲劳而效率低下的时间段，就做些简单不费脑的事情，以确保整体的工作效率不降低。像这样有意识地按照时间段来安排工作之后，我整体的工作效率提升了两倍以上，这是我的切身感受。

当我还是一个普通员工的时候，就不喜欢那种拖拖拉拉磨洋工式的工作方式，也尽量不让自己加班。我当时所在的外资企业，员工加班到末班车时间是家常便饭。加完班再去通宵喝酒的情况也很普遍，但即使熬夜到第二天，早晨也必须 9 点开始工作，这被视为一种美德。很多人的身体健康因此受到了损害。在我看来，深夜加班只会降低工作效率，所以我下定决心，晚上 10 点以前必须回家。因为并不是工作得时间长就能干好。

我在工作中不仅努力做到张弛有度，同时也很重视成就感。无论是公事还是私事，我都会竭尽全力做到最好。因此每晚睡觉前，我都要把当天收到的所有邮件处理完。夜晚虽然大脑比较疲惫，工作效率不高，但反过来，这段时间不受其他事情干扰，可以集中精力，因此很适合处理邮件。

像这样根据时间的宽度来改变工作内容，一定可以减少无用功，让效率得到更大的提升。

》同时考虑客户的时间宽度

从时间的宽度这一观点来看，还有一点非常重要，那就是我们也需要考虑客户的时间宽度。例如，招待客户并不一定非要在晚上进行，白天请人吃饭也是十分有效的。越是工作充实的人，越希望晚上的时间能和家人团聚，或者用来处理私事。我们只要肯下功夫，比起晚餐，一起吃午餐应该更高效，因为能在短时间内进行同等程度的信息交换。

而且，还有一个不为大众所知的“秘密武器”——**与职位高的人约时间最好选择早晨。**行政部门的管理人员，就更懂得早晨这一“有宽度的时间段”，希望最大限度发挥它的作用。

很多人为了避开早高峰的拥堵，会选择早早去公司。举个例子，如果瞄准早晨 8 点这个上班前的时间来约对方，成功的概率必将大大提升（见图 6–12）。

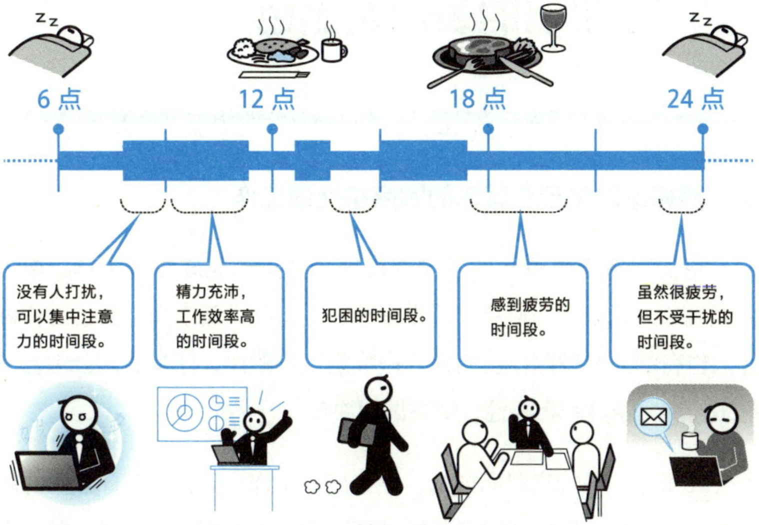

图 6-12　根据时间的宽度来分配工作

划重点

工作计划，要根据一周7天和一天内各时间段的特点来进行调整。

调整工作顺序，让自己的表现更出色

》按照搬家时将行李装车的顺序来处理工作

我们都希望把每一件工作安排好，并按时完成全部工作。最令人烦恼的大概就是如何决定工作顺序了。有的人喜欢从手头的工作做起，也有的人是按照自己的喜好来决定工作顺序，还有的人会综合考虑工作的紧急性和重要性，慎重做出决定。

如果是能在规定时间内从容地完成的工作，无论采取什么样的顺序都无关紧要。只需按照自己的做事习惯，怎么顺手怎么来，并没有什么固定的模式，纯粹是个人喜好问题而已。真正让人感到头疼的是那些需要在短时间内快速处理工作的情况，时间紧任务重，现实中这样的例子非常普遍，绝大多数人都经历过或正在经历着，这个时候如果有一个“指针”，告诉自己应该从哪里着手，那就帮上大忙了。

举一个简单的例子，请你想象一下搬家时往卡车上装载行李的场景。专业的搬家公司在装载行李方面很有一套，他们手法娴熟，没有任何多余的动作。一边在脑子里考虑物品的大小，一边手脚麻利地打包、搬运。速度之快，简直令人瞠目结舌。最令人佩服的是装车时的情景。因为一旦把装载顺序弄错了，就无法将所有行李装进一辆车里。这个时候就只能多跑一趟或者需要两辆车来运输，会造成时间和成本的巨大损失。据说行李装车是有技巧的，要从大件家具开始装起，先把床、书柜、沙发、桌子等装上车，然后把纸箱放进去。最后再把地毯、窗帘以及一些容易弯曲折叠的小件物品塞进车内多余的空间里。

搬家装车的这一思路也适用于我们分配工作的情景。例如，如果我们先从琐碎的工作开始做起，到后面就没有办法加入（完成）重要的工作了（见图 6–13）。

图 6–13　按照行李装车的顺序处理工作

与搬家不同，我们在工作上面临的困扰往往是有一些难以估量大小（工作量）的物品夹杂在需要打包的行李中间。说得再具体一点，有的工作虽然大小不同，但是能估计出大致的分量，但同时还有很多工作是看不出分量的，无法预测它需要花费多长时间才能完成。例如，发生了不明原因的纠纷或者客户突然提出索赔要求，就属于这种情况。

无论哪件事情，都无法预测它需要多长时间才能解决，非常令人头疼。如果将时间全都用来处理这些事情，其他工作可能根本没法完成。但也不能因此将此事往后拖延，否则只会越来越棘手，甚至发展成严重的问题。到那个时候，处理起来会更加费时。

像这样看不出分量的工作，不仅仅是索赔和处理纠纷，还包括各类资格考试的考前准备，以及我曾经参加过的商业博弈。无论花多长时间、做多少准备都不为过。

如果你的工作中夹杂了上述这些看不出分量的工作，那么在具体的时间分配上，我的建议是，把看不出分量的工作视为一个大块，将之与其他可变的（小）工作分开处理。

由于很多看不出分量的工作都非常重要，因此要留出足够的时间来处理，然后像对待其他大型工作一样，先把它安排到日程里。想一想上面那个搬家的比喻吧。**重要性高的工作就类似大型家具，我们应该先把它们安排好，再把“纸箱之类的一个一个小工作”放进缝隙里即可**（见图 6–14）。

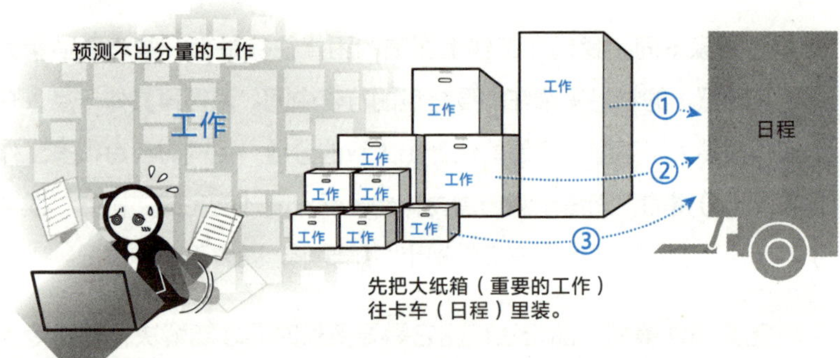

图 6–14　把看不出分量的工作放进大纸箱里

这样做可以让大脑中的思绪得到整理，使工作平稳地进行下去。当然，也一定能让自己的表现更加出色。

划重点

对于看不出分量的工作，可以将它们分为“大块”和“其他”两类，安排进日程里。

在手表或手机上花一番心思

》利用手表提升时间效率

手表的存在价值已经越来越弱了。工作时，我们只要打开计算机，就可以知道时间，因此工作中看手表的机会越来越少了。更何况还有手机，即使是在移动状态下，也没有必要看手表。如今，人们不再以了解时间为主要目的来使用手表，而更侧重于闹钟和计时等有助于提升时间效率的功能，例如会议时间效率化。越是优秀的商务人士，越会严格把控会议的结束时间。他们制定规则，将每个人的发言时间限定在 3 分钟以内，或者在会议结束前 10 分钟设置闹钟提醒，想出各种办法来控制节奏，避免拖延。

为了节约时间，我们也可以在会议室的布置上下一番功夫。每个会议室里都要有时钟，而且时钟要放在白板或投影一侧等不会造成干扰的地方。这样做是为了让参加会议的所有人都有时间意识。如果可能，最好用数字显示的时钟来代替传统的指针时钟，因为我们可以以分钟为单位来看时间。另外，将会议室设计成站立式，效率能得到绝对的提升。因为站着开会时，人可以持续处于紧张状态，而且也能节省空间，可谓一举两得。

》用假来电程序逃离不感兴趣的聚会

从个人的角度来说，假来电这一手机应用程序好像也非常受欢迎。如果你正在参加一场自己不感兴趣的酒会，到了程序提前设定的时间，你的手机就会自动响起来电铃声（见图 6-15）。

图 6-15　把了解时间的工具转化为控制时间的工具

这个程序非常好用，它可以伪装成家人的来电，帮你编造一个合理的先行告辞的理由。此外还可以进行更多的个性化设置。有的假来电程序功能十分强大，不仅可以设置来电时间和来电铃声，而且能够实现与真正来电完全一致的画面显示。

》用手触摸就能知道时间的手表

如今，我爱上了那种触摸一下就能知道时间的手表。感谢这种手表让我能够悄无声息地知道距离结束时间还有多久，非常方便。

之前的某一天，我正在考虑给一位盲人朋友送什么礼物，心里想着如果有一种不用看也能知道时间的手表就太合适不过了，于是四处去找。很幸运，我发现了一款功能和外观都很不错的手表。而且令我感到惊讶的是，这种面向特殊人群的手表竟然在普通的商场里出售。这意味着，这款手表在视力正常的普通人中也一定很畅销。戴着这个表不需要用眼睛看，只需用手触摸一下就能知道时间，当我意识到这一点时，高兴地拍了拍自己的脑门："这个表我能用。"

如今，我每天都在与人面谈。有时也会遇到一些复杂的情况，很难在规定时间内处理完，因为后面还有下一场预约咨询或者其他重要的事情，我的心里难免会有些不安和焦急。但是，如果因为在意时间而不停地看表，会显得很没有礼貌，甚至会让对方感到不悦，因此经常是聊着聊着就忘了时间，不知不觉就超时了。我买了这款触摸式的手表之后，就可以不动声色地一边和对方继续交谈，一边悄悄在桌子底下用手触摸手表来了解时间。

高效利用时间的人往往对结束时间有着很强的意识，他们从来不会忘记合理安排工作和娱乐时间。这种坚决不超时的严格性和自律性，在今后将变得越来越重要。

划重点

把时钟作为控制时间的工具来使用。

通过帮他人创造时间来为社会做贡献

》无法增加自己的剩余时间，但可以增加他人的时间

或许可以说，帮他人创造时间才是时间管理法的终极目标。要达到这一境界可能很难。

但是，当你了解了我要说的内容之后，你的价值观就会发生明显的改变，说不定也能创造出庞大的时间，为社会做出贡献。

巨大的贡献感也伴随着强烈的充实感，你会觉得每一天都过得很有意义。而且这种正能量的上升会带来兴奋感，让你摆脱懒惰情绪，因此从结果来看，这也是在帮自己节约时间。它是一种有百利而无一害的方法（思考方法）。

那么，究竟是什么样的方法呢？我按次序来说吧。

如今，我深感“人生 100 年”已不再是虚无缥缈的梦想了。“海螺小姐”的父亲——矶野波平先生看上去像一位老爷爷，其实他才刚刚 54 岁。

在我们生活的这个时代，即使已过花甲之年，也还有 40 载的余生岁月，可以好好干一番事业。

话虽如此，想把这 40 年再延长一些，是很难办到的事情。即使

特别注重保养身体，最多也只能延长 1.5 倍。也就是说，人最多可以活到 120 岁，这就是极限了。

在这些年过花甲的人当中，有的抱着吃吃美食、做做感兴趣的事情，开开心心度过余生的想法，但也有一些人持不同的观点。后者认为，虽然自己的时间是有限度的，但可以无限度地增加他人的时间。

举个简单的例子，医生的工作就是这样，很容易切身感受到是在为他人增加时间。比如，一个 20 岁的年轻人因为遭遇事故而生命垂危，如果手术成功、身体完全康复，他应该可以活到 100 岁。也就是说是医生为他创造了 80 年的新生命。

为很多人治病，就意味着在为那些人创造时间。医务工作者如果能切身感受到这一点，在品尝喜悦的同时，也会将其转变成一种志向，让自己内心的充实感不断增加。

》为他人创造时间，为社会做贡献

不仅是医生，任何工作只要是为了他人而做，就一定能为他人创造时间。

所谓工作，就是创造并提供价值，以此为交换获取报酬的行为。

工作所提供的价值，无疑是以某种形式为对方节约时间。

我们自己去做某件事可能需要花费很长时间，但如果让专业人士来做就完全不同了，他们能够迅速解决问题或者提供舒适愉悦的服务让我们恢复精神，帮助我们提高工作效率。

有很多像这样的方法可以为节约时间做贡献。

以互联网企业的软件开发工作为例，设计出一款能为用户节约一星期时间的软件是很容易的。那么，假设有 100 万人使用该软件系统，就能创造出“1 星期 / 人 ×100 万人≈ 2 万年”的时间（见图 6–16）。

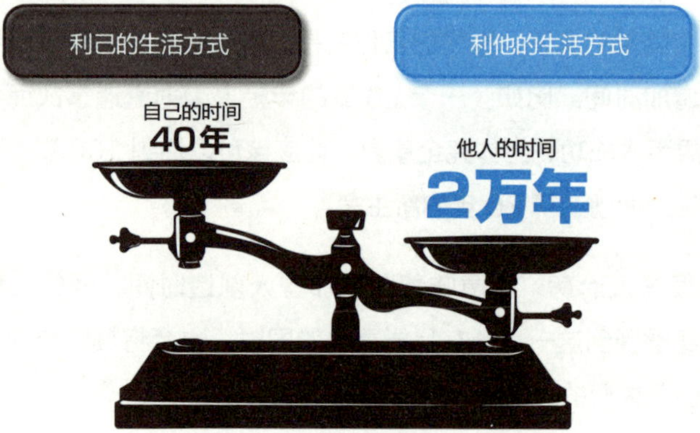

图 6–16　为他人创造新的时间

虽然软件开发者无法为自己创造时间，但能够为他人创造出庞大的时间，这将会对他们今后的人生带来巨大的改变。

从 60 岁开始，往后的 40 年是选择为自己而活，还是选择穷尽余生为他人创造出 2 万年呢？

我深信，我们为了活着而从事的工作就是把自己的时间变成某个人的快乐。

虽然无法直接创造时间，但是可以想办法节约时间

↓

如果能想办法节约一星期的时间

↓

将之运用到100万人身上

↓

1星期/人 × 100万人 ≈ 创造出 **2万年** 的时间！

划重点

将利他主义贯彻到底，为他人创造出数万年的时间也是有可能的。

第7章

战略思考法

事先预测误差，制订高精度的计划

» 利用逻辑思维提高战略性和再现性

我是纯理工科出身，从小就对语文、社会、历史等科目倍感头疼，而对数学、物理、化学等科目非常痴迷，这么多年一直如此。

现在，依然每天埋头写程序、像个宅男一样的我，在旁人眼里却越来越多地被看成文科生。理工科也好，文科也好，只要开始追求真理，最终的目标可能都是一致的，殊途同归。

我曾经就职的IBM公司里其实有很多文科出身的人，而且大家都很优秀。有趣的是，文科生更擅长逻辑思维，甚至我觉得他们也更有出息。拿我来说，虽然大学四年间完全沉浸在理工科的世界里，但工作第一年所学到的东西，远远超过了大学四年，而且内容非常密集。

在我看来，文科出身的人在进入社会之后会有更大的发展空间。比起刚刚从人际交流开始学习处世之道的理工科生，零起点学习编程的文科生对知识消化理解得会更快，也更容易出成果。大概因为理工科的工作方法简单、容易理解吧。

要说理工科思维最值得学习的地方，我认为就在于从长远来看能够出成果的“战略性”这一点上。我们处在一个急剧变化的时代，在增加销售额、提高工作效率、消除错误等工作上所面临的课题，依靠临场发挥来应付是根本无法解决的。当然，如果不做任何处理，只是把问题一味地往后拖延，最终只能自尝苦果。

如果你拥有看透眼前问题实质、迅速做出处理的“本领”，无论在任何公司都会被视作珍宝。我们需要具备有说服力的逻辑思维。既不是规范，也不是直觉，而是要找到类似于“法则”之类具有再现性和普遍适用性的东西，然后在此基础上处理问题。能做到这一点，就会受到周围很多人的追捧。

我始终坚信，战略性思维是处于领导地位的人今后必须掌握的一项技能。

在阅读本书的过程中，你可能已经发现了，理工科思维也可以被称为“不绕弯的思维”。不被时间追赶，不受时间支配，反过来是我们在主动支配时间，追着时间往前走，所以它是一种先发制人的技术。提前了解情况，然后把准备好的东西像蜘蛛网一样撒遍各个角落，等待机会降临到蜘蛛网上。没错，我们既要主动出击去创造机会，也要做好准备等待机会。

因此，理工科思维是一种具有战略性、再现性高的思维。

» 编程的巨大价值

这么看来，程序其实是按照人类的指令在运行，而且由于运行指令的是机器，因此它具有出色的再现性。人类为了给机器发出指令而编写程序，我们从中可以学到很多东西。如果有机会，我建议你尝试着向编程发起一次挑战，这是很有价值的事情。即使你只具备入门水平也无妨，一定要挑战一下。

当软件无法顺利运行时，我们往往会把责任推到机器、环境或者他人身上，这是人类的本性。然而程序不同，它会严格执行人类编写的指令，忠诚到令人吃惊的程度，那种无视指令擅自运行的情况极少发生。

几乎所有的问题都是由程序编写者本人出错而导致的，所以是程序让我一次又一次深刻感受到自己出了错。这些经历使我明白，人类这种生物远比自己想象中更易出错。因此，我从编写程序中学到的不仅仅是技术，更重要的是认识到了“满招损、谦受益”的重要性。不推卸责任，虚心请教，能帮助我们与周围人之间建立起信任感，和谐相处。

》你看到的只是其中的一小部分

另外，我在编写程序的过程中还注意到了一个事实：核心部分往往只占据整体的一成左右，剩余的九成工作是为了处理逻辑错误和提高使用便利性而下的功夫。这就是程序的世界，为了保护那只占一成的核心部分，而要用看起来似乎没多大用处的九成努力来进行补充，否则就无法成立。

然而仔细想一想也不难发现，我们的工作、生活或者说我们的人生，其实也是一样的。以活动运营的工作为例，一般正式活动的时间都非常短暂，但是在那之前，工作人员往往需要花费 10 倍的时间去做准备。

再回到编程的话题上。例如，用户在浏览网页时会进行一些意想不到的操作：

不会在那个地方按下返回键吧！

是在那里右击鼠标吗？

那一栏要输入金额，怎么还有人写字母呢！

以上这些意料之外的操作也必须用程序来处理。这让我见识到了人类行为的自由随意以及针对这些行为做准备的重要性。

如果是服务人员直接与客户打交道，不必提前做好 10 倍的准备，也能根据情况灵活地开展销售和服务活动。但是如果把这些事情委托给机器（程序）来处理，就必须将整体的九成工作用来准备那些也许没有什么实际用处的逻辑。

在本书第 1 章，我为大家介绍了用模型做演示以战胜竞争对手的方法。然而，模型毕竟只是一个机器。

我一直告诫自己要谦虚，为了防止可能出错，我必须花费 10 倍的工作量来编写程序。

程序的现实是严酷的，也是变幻无常的。经历了编程的工作后，你制订工作计划的方法会发生改变。你会留出充足的时间来修正可能出现的错误，而且能够敏锐洞察到核心部分以外的内容，对工作量做出合理的预判（见图 7–1）。

从编程中获得的启示非常宝贵，因为从无机质的机器（程序）中学到的东西，可以让我们更加细致周到地考虑问题，这个很有意思吧！

图 7-1　从编程中获得启示

划重点

编写程序，可以让自己变得更加谦虚，计划完成度也能得到提高。

重视结果，也同样重视过程

》像彩排一样“走一遍”

我们参与互联网类项目时，事先经常要进行一项名为“走一遍”的工作，即从头到尾过一遍的意思。它给人的印象与彩排非常相似，但并非正式活动开始前的确认工作，而是在创作阶段就要开始进行。具体来说，就是把自己代入机器（程序）中，将最终完成前所需的全部步骤一一确认。这种感觉简直就像戴着 VR 眼镜，从制作阶段就开始步入与正式场合相同的道路。

在向前行进的过程中，会遇到中途有分岔路口的情况，“走一遍”的工作就是把所有的路线都试走一遍，目的是确认没有任何遗漏。

“走一遍”其实就是把机器在瞬间完成的工序，用人工的方式一步一步地进行模拟、确认，而且要囊括所有可能性，因此这是一项非常烦琐的工作。这个方法对查漏补缺十分有效。因此，当你不希望自己失败、不想认输时，一定要用这个方法，它可以帮助你提高成功的概率。

有一些自我启发书上写着“想象一下，你希望自己变成什么样子”。然而，只想象结果的话会遇到很多挫折，原因就在于没有把具体的过程想象出来。不管你怎么想象，一道美味的菜品也不可能像变魔法一样摆在你的面前。反之，如果你能将准备食材以及烹饪菜肴的全部过程都想象出来的话，剩下的事情就很简单了，只需要一一照办即可，这样更容易完成菜品（见图 7-2）。

图 7-2 “走一遍”，避免遗漏

运用“走一遍”的方法，能够及时发现计划中可能出现的疏漏，也能为意外情况做好预案，从而有助于建立更加完善的体制。

》用“动词”代替“名词”来检查工作，看清队友

我从“走一遍”这个方法中学到的，不是对“名词”（即结果）的静止状态进行想象，而是对“动词”（即过程）进行具体想象。

这一“看动词，而非名词”的方法，不仅可以用来检查工作过程，而且非常有助于我们看清队友的真实面目。当今社会，仅靠一人之力就能完成的工作少之又少。我们已经进入了“团队作战的时代”，甚至可以说，与谁组队将直接决定结果的胜负。

然而，怎样才能看清队友的真实面目呢？例如，去参加业界交流会的时候，每个人都会“伪装”，努力展示出自己好的一面。很多参会者会向众人炫耀自己的职位或者吹嘘自己认识某个名人，用一些体现个人成就的“名词”来夸耀。而实际上，我们根本无法判断这些成就是不是凭借他自身的实力所取得的。

要想看清队友是一个什么样的人，与作为成就的“名词”相比，观察他的“动词”更加重要。例如，选一个简单的课题或者题目，共同“走一遍”试试看，在这个过程中，那个人的真实面目自然能显露出来，我们才有机会真正了解他。

与“名词”相比，看“动词”无疑更加费时费力，但欲速则不达，因此，我建议你事先通过“走一遍”来了解情况，千万不要省略这个步骤。因为那些简单轻松的工作谁都能做。

划重点

通过“走一遍”的模拟体验，
来看清本质，避免遗漏。

从想要创造的未来开始往前倒推，引发技术革新

》成功者总在创造未来

解读未来几乎是不可能的事情，但是我们可以创造未来。听起来也许有些自相矛盾，不过那些取得巨大成功的人，其动力就来源于对未来的预测，然后不懈地追求，最终用自己的双手创造未来。

- （G）只需检索一下就能获取所有信息的世界，可以有 Google。
- （A）足不出户也能买到所有东西的世界，可以有 Amazon。
- （F）不必寄送贺年卡，也能实现与他人跨时空交流的世界，可以有 Facebook。
- （A）无论身处何地都能连接网络的智能手机，可以有 Apple。

以上列举的 4 个例子，就是被称为“GAFA”的互联网界 4 大巨头企业。

这 4 家公司无一例外都是先描绘出一个自己想要创造的未来，然后往前倒推，制订计划，并付诸实践，最终成功实现的。

不从技术的层面去解读未来，唯有如此，才能建立起新的商务模式。

》不能只从技术视角考虑未来

请各位对比一下两幅插图（见图 7–3），它们都是根据梵蒂冈城觐见罗马教皇的场景照片描绘而成。左侧是 2005 年的，右侧是 2013 年的。两幅图中都聚集着大量人群，但不同的是，在右侧的插图中，所有参加者手中都高举着一个白色的长方形物体。你可能已经注意到了，那就是手机。从 2005 年到 2013 年的短短 8 年间，智能手机走进了我们的生活，现在已经理所当然地成了很多人的必需品。

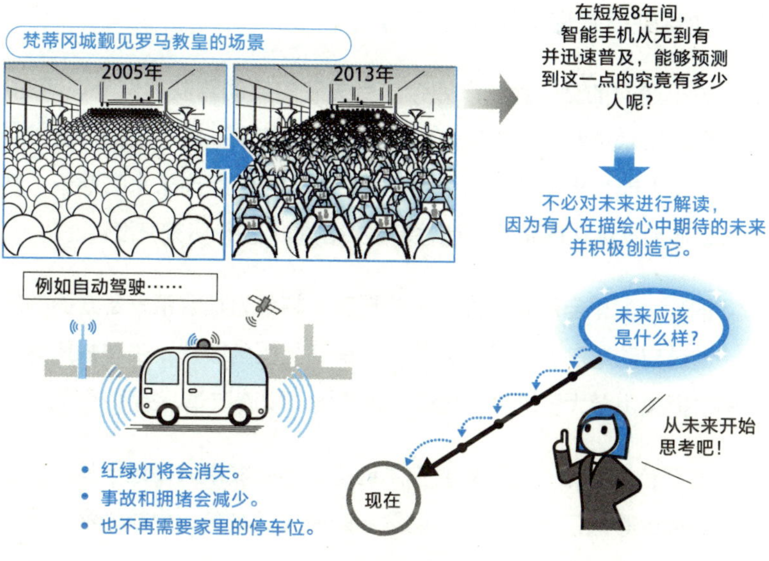

图 7–3　用逆向推测的思维去塑造未来

那么在 2005 年的时候，有多少人能够预测到不远的未来会出现智能手机这个东西呢？恐怕没有吧。当时，我也在互联网企业里做着预测未来的工作，但也没能预测出这个事实。解读未来真的太难了，这一点我深有感触。

每年一到 9 月，某市场调查公司就会公布下一年度可能会普及的高端技术的预测结果。这项调查已经持续了 10 多年，我从中发现，那些新出现的高端技术到了下一年，几乎无一例外都消失不见了。

因此可以说，我们是以无法解读未来为前提来思考未来的。正因为如此，**不要从技术层面去考虑，而要从期待的未来往前倒推，即“逆向推测”，这才是关键。**

》自动驾驶就是逆向推测的产物

关于逆向推测，我就以如今广受关注的自动驾驶为例来说明吧。很多高端技术企业正在研究开发的自动驾驶技术，并不是在科技进步的延长线上诞生出来的。应该将其解释为，先描绘出未来的愿景，然后将其作为具体化所需的东西往前逆算倒推，进行研究开发。

的确，如果自动驾驶能够变成现实，将会为社会带来各方面的好处。通过自动驾驶，交通拥堵的状况得到大幅度缓解，由车祸所导致的伤亡损失也会大量减少。据说它也能引发物流改革，搞活经济。

甚至有人认为，自动驾驶技术还可以消除城市人口过于集中、乡下人口稀少等人口分布不均的问题，即使人口减少，也能为潜在劳动力提供就业机会。

那些认为通过自动驾驶技术可以实现上述创新的先驱者们，正是这一技术发展的最大动力。

》自动驾驶车辆将成为信息的宝库

正在进行研发的人们是按照多大的规模来描绘未来社会的呢？

如果实现了自动驾驶，将不再需要街头巷尾的红绿灯。为什么呢？因为在自动控制状态下，即使没有红绿灯，车辆也能自己停下来。这能够有效减少事故和拥堵，产生惊人的社会效果和经济效果（见图 7–3）。

充电桩在地价昂贵的城市里也将慢慢消失。只需要在地价便宜、人口稀少的地区设立充电桩就可以了。当燃料不足时，自动驾驶系统能检测到这一情况，并随时给车辆进行补给。住宅区的停车场也没有存在的必要了。可以将车辆停放在地价便宜、人口稀少的地区。前一天晚上用手机设定好第二天的日程，到了预定时间，车辆就会自动行驶到大门口来接自己。

我们的生活习惯将因此急剧发生变化。而且重要的是，为了运行自动驾驶系统而输入的所有信息，都将以数字化的形式被收集起来，以实现重复使用。车辆将成为信息的宝库。

我觉得自己的推测应该不会错，原因是自动驾驶技术是汽车制造商和互联网企业共同研究开发的项目。反倒是日本的国产汽车制造商有些落后了。或许是因为由特斯拉等大力推动自动驾驶技术的企业在进行逆向推测，引领市场吧。

》通过倒推来创造未来，而不是预测未来

我们所处的时代，如果不转到创造未来这个方向上，就难以获得

巨大的利益。想象、描绘一个应有的未来真的非常重要。我要再次强调，不是预测，而是倒推。一定要主动去创造未来。

为此，我们应该做些什么呢？有了想法，就把它的具体内容写下来，然后考虑将其变为现实的过程，再往前倒推即可。在这个过程中，将目标值放在一边，回到现实，这就是灵活运用逆向推测的技巧。

如果像小时候补暑假作业那样，一味往后拖延，可能到开学那天还没完成。特别是对于那些已清楚知道自己爱偷懒的人，我建议你一定要积极迈出第一步。

划重点

用逆向推测的方式来构想一个自己期待中的未来，然后考虑实现它的过程，一步一步往前倒推。

多做几套替代方案，层层准备

》有备无患，准备得越充分越好

理工科的世界不是“0”就是“1”，数字性的印象非常强烈，绝不允许出现模棱两可的情况，所以有很多人对此倍感压抑，甚至从内心产生抗拒。

但是从另一方面来说，不允许模棱两可有助于经常性地反省自身错误，让傲慢的人变得谦虚，关于这一点我在前面已经说过了。

在急剧变化的当今世界，经常会发生一些意想不到的事情，出现各种各样的错误。这就需要我们随机应变，努力扭转局面，让事态回归到正轨上。

不骄傲自大，出现突发事件时，能否拿出多套解决对策，可以说是决定工作成败的关键。

我给你的建议是，把 A 计划、B 计划、C 计划以及出现意外情况时的退路，还有退而求其次的做法，全部都准备齐全。这样做有助于提高成功率。

我在 30 多岁的时候，经常受邀担任朋友婚礼的主持。我口才一般，也不擅长即兴讲话。为了顺利完成任务，我每次都会把发言稿提前准备妥当，以保证宴会上万无一失。

我做主持的时候，不仅会事先了解发言嘉宾与新郎、新娘的关系，而且会将主持词分为 4 段，每一段的接续词都准备好之后才敢上场。得益于这些努力，我被大家评价为“紧扣嘉宾的致辞，发言恰到好处，是一个能完美串场的优秀主持”。

前面提到，我在晨间信息节目“sukkiri”中曾以评论员身份登台演出。虽然我不知道他们邀请我的真正原因，但不难想到一定是因为新闻中有互联网素材，所以才找到我的吧。

一次，在节目演出前一晚，我还是按照老规矩做了充分的准备工作。我从时事素材开始，查阅了如今发生的所有新闻，以做到心中有数。到了演出那天，我在节目开播前 5 分钟才拿到剧本。

当天的新闻中，别说互联网领域了，连与技术有关的素材也一个都没有出现，这令我感到措手不及。演出中主持人突然抛给我几个问题:“您怎么评价野村沙知代？”“筑地的火灾已经过去 4 个月了，您怎么看？”净是些我之前压根没有想到的内容。当时是现场直播，总不能因为我的失误而造成演播事故。好在前一天晚上我偶然间看了野村克也夫妇的视频，因此做出了很好的回答。真是有惊无险。

这个事件令我深切感受到有备无患的道理。

》用次优的方案应对，也有可能歪打正着

我引以为豪的 300 场商业博弈全胜时期，经常和竞争对手一起向客户做最终的演示，也就是投标前的那场演示。为了增强说服力，我常常用到模型，那会儿也一定会提前准备好 B 计划。

曾经在一次演示的中途，作为模型的计算机突然死机，不得不重新启动。我估算时间不够用，于是将自己提前录制好的视频播放给客户看，好在顺利完成了任务，避免了尴尬。当然，用真机来做模型演示是最有效果的，但是提前准备好次优的方案能将损失减小到最小范围，把胜负延迟到下一场。

我之所以这么说，是因为在上面这个案例中，客户想看一下真机演示的效果，于是就有了下次见面的机会。与竞争对手相比，我们得到了更多与客户接触的机会，最终成功签约。这真是歪打正着。

如今，在线演讲比较多，有时会遇到会场 Wi-Fi 故障而导致网络中断的情况。虽然发生的概率很低，但为了确保万无一失，我每次都会提前查看一下附近的备用 Wi-Fi 环境。万一出现突发情况，只要跟观众解释一下，然后利用 10 分钟休息时间，移动、转换到备用 Wi-Fi 环境中就可以了。

》吸引眼球的内容只要表里一致，也能成功

还有一次，我用提前准备好的 B 计划在与竞争对手的较量中出乎意料地大获全胜。

可能各位读者也能想到，经历过多次商业博弈之后，竞争对手也好，自己公司也好，在产品性能上并没有太大变化，而往往会陷入价格战中。在这种情况下，除了我们想要销售的软件包之外，我一般会准备一些高档的包装。类似于如今在拉面店偶尔看到的豪华套餐。

在某个竞争案例中，我们遇到的客户是一家商社，他们不仅作为软件用户，同时也作为该软件的销售代理在讨论商品。因此，对方似

乎一直在寻找高档包装。而竞争对手和我对此都一无所知，于是我们开始打起了价格战。没想到，我在提案中写的一行吸引眼球的文字，引起了客户的注意。那行文字中混杂着一些高档包装的内容。

我当时只是为了吸引眼球才那么写的，所以为了做到表里一致，我们后来专门开发出了一款能配上那个昂贵包装的软件，并请对方为我们做销售代理。借着这个机会，我们与那家商社此后一直保持着良好的合作关系。

》提前准备好替代方案

从上述案例中我们不难看出，时常准备好替代方案是非常明智的做法。这是任何人都能做到的事情。

不要试图凭借一个强有力的武器去实现“最短距离”，而要为客户提供多个可选项，总之就是要建立一个不让自己失败的机制。有趣的是，按照这一标准去做准备的话，就真的不会失败，这一点很不可思议。

即使最佳方案因意外而失败，也能将事态稳定在可控范围内的心理准备是非常重要的。因为人一旦遭受挫折就会变得灰心丧气。有时也可以提前准备好下一招，将结果往后拖延，为自己争取时间。

不轻易放弃，努力想办法去挽救，这样更容易赢得他人的信赖。即使在这个项目中没有获利，也有可能会在下一个项目中挽回损失。

另外，提前准备好替代方案，也会让他人对自己刮目相看，所以请一定要努力去做（见图 7-4）。

- 在这个急剧变化的时代，时常准备好替代方案，更容易取得成功。
- 那些看起来擅长即兴演讲的人，很多都是提前准备了多套台词。

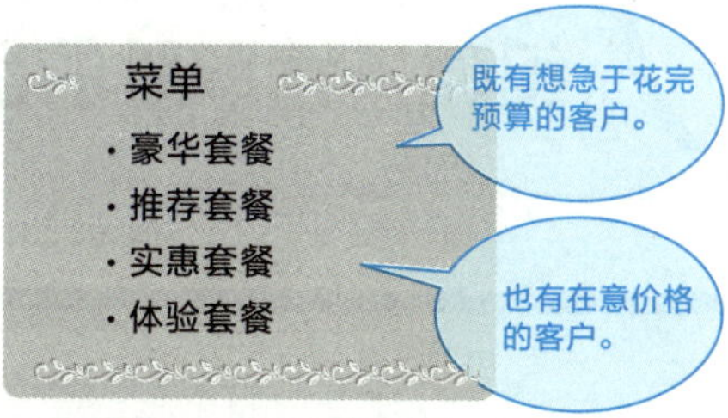

客户通常会有意想不到的需求。
做好多样化准备，也能助你成功。

提前准备好下一招，
即使本次商战没能获胜，
只要对方能够感受到你想要努力补救的诚意，
那么他在下一场商战中也会主动来找你。

图 7-4　时常准备好替代方案

划重点

多准备几套替代方案，既能应对意外情况的发生，也能提升客户对自己的信赖度。

组建持续取胜的团队

》追求专业性和消除个性化要两者兼顾

在工作中，重要的是持续取得成功，要在一次商业博弈获胜之后，下一次也能成功（拿下订单）。

为了做到这一点，就要让自己的能力保持在一个高水平上，以灵活应对千变万化的状况。

我在前面提到“动词胜于名词”，我们确实应该把能多次再现的“动词”作为武器来使用。而且将成功经验模式化之后，就自然能够做到长期持续地取胜。

我们身处“团体战”的时代，在以团队为单位的项目中，模式化的重要性越发凸显出来。

人们经常讨论“应具备高度的专业性，无人能够模仿”和“应消除个性化因素，以便任何人都能模仿，才够专业”这两种观点，到底哪一种才是正确的呢？

虽然两种观点有天壤之别，但我认为两种观点都有道理，只要做到二者兼顾就可以了，这看起来可能是脱离现实的理想论调。

一方面，具备无人能够模仿的专业性能发挥巨大的价值。如果很容易就被别人模仿，那么自己存在的价值就会减弱，甚至产生危机。

另一方面，以团队的形式工作时，那种凡事都要等待领导指示才能行动的“独裁领导模式”，不久就会变成“瓶颈领导”。如果领导不愿将权力下放，而是把部下们全都变成等待指示的人，这个团队就永远无法成长。万一领导生病或者有急事不在，项目就只能停滞不前了。即使领导不在，也能拿出一定水准的品质的团队，才能成为真正意义上的优秀团队。

追求专业性和消除个性化看起来似乎存在矛盾，但其实是可以兼顾的。我们的工作内容既包括固定业务等简单的部分，也包括依靠独创性的灵感来决定胜负的部分。也就是说，前者应该完全消除个性，而后者则需要张扬个性，这样做就可以了。

》教会别人的同时也能帮助自己成长

为了让团队变得更强，我建议构建一个“把自己会的东西迅速整理出来，然后教给队友”的模式。因为这样做可以消除个性化因素的不利影响，而且有助于提升团队成员的整体水平。

即使在一个团队内部，由于成员之间存在着竞争关系，因此也有人不愿把自己会的东西轻易教给队友。这种心理我也能够理解。但我还是建议你能勇于迈出这一步。反正那些知识，就算你不教，总有一天也会有其他人教。

我们身处互联网时代，对信息的获取是非常容易的，因此还不如主动教给他人，让对方对你心存感激，这才是明智之举。

“这个人对工作的细节部分都了如指掌，而且非常乐意教给我们”，如果你获得了这样的好评，就会有越来越多的信息汇聚到你这里，你也会变得更有大局观，更能全面了解情况。而且教给别人这一行为还能让你获得其他的好处。

向周围人传授自己的知识和技巧，能帮助你对已有信息进行整理，让单纯的知识升华为可以运用的智慧。

很早以前就有这样的说法：教会别人，其实是帮助自己成长的最有效方法。

》以教为前提向别人学习，效果将会翻倍

我在 IBM 公司任职时，大家已经习惯了一种被称为“T3”的学习方法。它是“Teach The Teachers”（教给老师）的缩略形式，是建立连锁教学的一种方法。公司的每一个人都是在“学会之后要教给别人”的前提下来学习，因此能够集中精力去记忆，这是一种很有效的学习方法。

当一个团队内形成了以教报恩的机制和氛围时，它一定会变得很强大。不依靠才能，而是依靠机制，可以建立一支无敌的团队。而且如果每个员工都能充分发挥个人才能，那么这个团队就一定能成为最强的团队。

不是以“Teach The Students”（教给学生），而是以“Teach The Teachers”的精神为前提来教（见图 7–5），一定要让学会的人再继续教给别人。

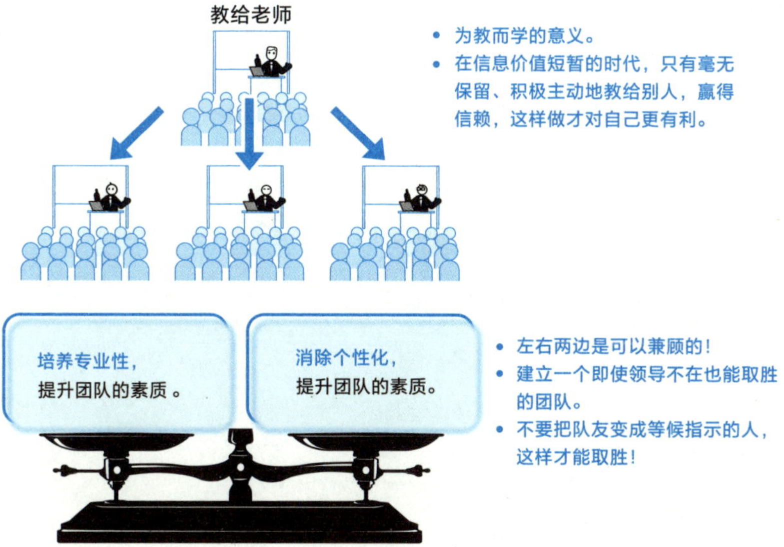

图 7-5　打造一个善于教人的团队，来持续获胜

划重点

积极营造互相教导的氛围，
建立一个持续取胜的团队。

追求最佳答案，也需要走“合理的弯路”

后记

如果能帮助各位读者提升自我，本人将倍感荣幸

感谢您读完这本书。

我是一个 100% 具有理工科思维、做事谨慎的人，不知这是幸运还是不幸。我曾被派往谈判现场，经历了多次“修罗场”般的历练。我愿将自己从中感悟到的东西诉诸文字，毫无保留地分享给读者。

希望本书中介绍的种类繁多的方法和技巧能帮助各位读者更新已有的方法和技巧，并将它们传递给重要的人。这就是第 7 章最后提到的“Teach The Teachers”精神。我相信，把自己会的东西传递和讲授给他人，可以让自己理解得更加深刻，并将之运用到实践中去。

正因为是理工科，所以建议您选择“合理的弯路”

当您看到“合理的努力”这一书名，把书拿在手里时，会有什么印象，抱有什么样的期待呢？

或许在很多读者的印象中，与直觉相比，理工科更重视理论，主

张以科学的论证为基础来获取成功。又或许，您抱有一种期待，期待阅读本书之后，是不是可以学会以文科不易察觉的“成功方程式”及数据分析法为基础，掌握推导出“最佳答案”的方法呢？

不依赖直觉，常常以俯视的角度来观察事物，进行合理的思考和行动，从这个意义上来说，理工科确实如此。只不过，不知您是否注意到了，**通过思考和行动追求“最佳答案”的道路并不轻松，很多时候需要走“合理的弯路”。**与“用最短距离到达”相比，为了提高成功的概率，做好自己能做的，这正是我所认为的理工科思考法。如果各位读者能了解这一点，我将不胜欢喜。

出书的过程也是“合理的弯路”

其实，在本书的出版过程中，我也走了一些“合理的弯路”。最初我完全没有出书的想法，在周围人的不断鼓励和推动下才开始考虑这个问题，从下定决心到最终出版，经过了 6 年的时间。

这件事的契机是以我在 Facebook 上投稿开始，我当时这样做完全是为了我儿子。面对在运动中严重受伤，并因此而一蹶不振的儿子，我想用一些办法把自己想到的、学到的东西告诉他，于是开始在 Facebook 上撰文倾诉自己的心声。

即使父母直接给孩子提建议，也不能随意为他按下动机的开关。如果他自己不能意识到问题所在，自己启动开关，他就永远不会改变。我不仅在 Facebook 上投稿，而且将自己所写的内容身体力行，努力让儿子看到我坚持不懈的背影。为了证明人生可以重新开始，我甚至辞掉了工作。

幸运的是，儿子好像一直在看我的投稿内容。

我就是基于上述目的才开始使用 SNS 的。不是为了增加阅读量，也几乎没有主动申请加过好友。然而，大概是由于我以跟儿子对话的语气撰写的稿子打动了读者的内心，阅读人数在慢慢增加，收到了越来越多的好评，我的好友数量已经达到了 Facebook 的上限（5 000 人）。

一些读者给我留言“希望您把 Facebook 的投稿汇总之后出一本书”，于是我开始考虑这件事情。一开始，我向出版社提出用自我提升的内容制作成企划书，但是那一类书籍市面上已有很多。我将自己在 Facebook 上好友申请累计超过 20 万条的辉煌历史告诉了他们，但依然没有获得出版社的认可。我是一个纯粹的理工科生，超过 2 000 次的登台演讲也基本都是面向经营者的，因此以自我启发书的形式来推出自己的第一本著作，好像有些说不过去。

也许可以考虑自费出版或者向出版制作人支付高额费用来促成出版，可我的目的并不仅仅是出书，而是希望能帮助更多的人。于是我选择了一条“合理的弯路”。

6 年前，我在熟人的介绍下加入了一个学习会，这个学习会里云集了很多作者和编辑，他们每个月聚一次。我虽然每次都参加，但从来没有推销过自己的企划书。如果有人拿着他的企划书向我征询意见，我会从自己擅长的互联网角度提出一些建议。

“这个人很厉害，也许能著书立说呢”，当我遇到这样的人时，就会邀请他一起参加学习会，并主动把他介绍给其他人认识。我考虑的只有一点，那就是让所有的参加者都快乐。

在参加学习会的同时，我依然在 Facebook 上笔耕不辍。也许是因为我的文笔提高了，点赞数有时会超过 1 000，而且每篇文章都有几十人转载分享。我还通过 Facebook 接受邀请，参加了晨间信息节目“sukkiri”的演出。

就这样，我通过提升自己的价值，被一位参加学习会的编辑看中，也是他建议我“可以考虑出书了”，于是才有了本书的问世。

6 年间，我不断地磨炼自己，才有了今日瓜熟蒂落的结果。为了儿子，我在 Facebook 上持续投稿；为了同伴，我在出版业的学习会上不断地贡献自己的才能。从结果来看，我坚信，这条道路是“合理的最短路径”。

● 让我们与本书中遇到的“奇迹”一起结缘吧

在本书的最后，我想把一个能概括我的理工科思维的自创词送给各位读者。

这就是“一期二会三尽”。

日语中有一个很有名的成语，叫作“一期一会”。这个词中充满了珍惜相遇的含义，我也很喜欢这个词。

不过，在我们的一生中，究竟能与多少人相遇呢？理工科的我不知不觉就开始做计算了。例如，我每年要印 500 张名片。在新冠疫情发生之前，我每年也会参加各种演讲、演示活动近 100 场。与一般人相比，我感觉自己结识了更多的人。即便这样，我每年也就最多结识 1 万人。假设一个人从出生到去世的 100 年里积极参加社交活动，能与 10 万人相识已经是极限。而实际上，我们遇到的人只会比这个数字更少。

世界上有超过 80 亿人，我们无论怎样努力，也只能与 10 万人相遇，这就意味着人与人相遇的概率只有八万分之一。也就是说，今天当你决定去见某个人时，其背后是你放弃了与 7.999 9 万人相遇的可能性，只去见他一人。

明白了这一点之后，你会选择与谁相见呢?

我经常在 100 多人面前进行演讲，虽然会跟观众们打招呼说“初次见面”，但从概率论的角度来看，当天我与其中超过半数的人都是最后一次见面。这么说是不是感到有些悲伤呢？但现实就是如此。

这确实非常遗憾，我心中期待着能再次见到他们。因此，我不说“一期一会”，而是饱含着“后会有期”的心情，跟他们说“一期二会”。

如前所述，每一次珍贵的相遇背后，是你一生都无法遇到的 70 多亿人，这个事实永远不会改变。对于那些无法相遇的人，我也怀着尽力为他们做点儿什么的想法，自创了“一期二会三尽”这个词。

幸运的是，通过这本书，我得以与各位读者相识。希望能借此机会，与您有第二次、第三次的相遇，心怀期待，就此搁笔。

未来，属于终身学习者

我们正在亲历前所未有的变革——互联网改变了信息传递的方式，指数级技术快速发展并颠覆商业世界，人工智能正在侵占越来越多的人类领地。

面对这些变化，我们需要问自己：未来需要什么样的人才？

答案是，成为终身学习者。终身学习意味着永不停歇地追求全面的知识结构、强大的逻辑思考能力和敏锐的感知力。这是一种能够在不断变化中随时重建、更新认知体系的能力。阅读，无疑是帮助我们提高这种能力的最佳途径。

在充满不确定性的时代，答案并不总是简单地出现在书本之中。“读万卷书”不仅要亲自阅读、广泛阅读，也需要我们深入探索好书的内部世界，让知识不再局限于书本之中。

湛庐阅读 App：与最聪明的人共同进化

我们现在推出全新的湛庐阅读App，它将成为您在书本之外，践行终身学习的场所。

- 不用考虑“读什么”。这里汇集了湛庐所有纸质书、电子书、有声书和各种阅读服务。
- 可以学习“怎么读”。我们提供包括课程、精读班和讲书在内的全方位阅读解决方案。
- 谁来领读？您能最先了解到作者、译者、专家等大咖的前沿洞见，他们是高质量思想的源泉。
- 与谁共读？您将加入优秀的读者和终身学习者的行列，他们对阅读和学习具有持久的热情和源源不断的动力。

在湛庐阅读App首页，编辑为您精选了经典书目和优质音视频内容，每天早、中、晚更新，满足您不间断的阅读需求。

【特别专题】【主题书单】【人物特写】等原创专栏，提供专业、深度的解读和选书参考，回应社会议题，是您了解湛庐近千位重要作者思想的独家渠道。

在每本图书的详情页，您将通过深度导读栏目【专家视点】【深度访谈】和【书评】读懂、读透一本好书。

通过这个不设限的学习平台，您在任何时间、任何地点都能获得有价值的思想，并通过阅读实现终身学习。我们邀您共建一个与最聪明的人共同进化的社区，使其成为先进思想交汇的聚集地，这正是我们的使命和价值所在。

图书在版编目（CIP）数据

合理的努力 /（日）井下田久幸著；唐燕译. — 杭州：浙江科学技术出版社，2024.6

ISBN 978-7-5739-1218-3

Ⅰ.①合…　Ⅱ.①井…②唐…　Ⅲ.①工作方法—通俗读物 Ⅳ.①B026-49

中国国家版本馆 CIP 数据核字（2024）第 098226 号

书　　名　合理的努力
著　　者　井下田久幸
译　　者　唐　燕

出版发行　**浙江科学技术出版社**
地址：杭州市环城北路 177 号　邮政编码：310006
办公室电话：0571－85176593
销售部电话：0571－85062597
E-mail:zkpress@zkpress.com
印　　刷　天津中印联印务有限公司

开　　本	880mm×1230mm　1/32	**印　　张**	9.375
字　　数	312 千字		
版　　次	2024 年 6 月第 1 版	**印　　次**	2024 年 6 月第 1 次印刷
书　　号	ISBN 978-7-5739-1218-3	**定　　价**	99.90 元

责任编辑　陈　岚　　**责任美编**　金　晖
责任校对　陈宇珊　　**责任印务**　吕　琰